Lilli Gruber

Non farti fottere

Come il supermercato del porno online ti ruba fantasia, desiderio e dati personali

Rizzoli

Pubblicato per

Rizzoli

da Mondadori Libri S.p.A.

ISBN 978-88-17-17488-6

Prima edizione: aprile 2024

Curatela editoriale: Blandings Sas
Redazione e fotocomposizione: Sara Grazioli e Corpo4 Team

Non farti fottere

«Un diffuso apprezzamento per la pornografia è il modo
che la natura usa per avvertirci che siamo
a rischio di estinzione.»

J.G. BALLARD, *Myths of the Near Future*

A Herlinde e ad Alfred,
che mi hanno insegnato a crescere libera

La penetrazione del porno

Il 20 novembre 2023, a *Otto e mezzo*, ho chiesto al collega di «Libero», Francesco Specchia, se si potesse negare «che in Italia ci sia una forte cultura patriarcale che la destra-destra al potere non sta proprio contrastando tanto». Ho fatto l'esempio più ovvio: quello di una presidente del Consiglio che, prima donna a rivestire questo ruolo in Italia, insiste però nel farsi chiamare «il» presidente, come se solo nella forma maschile potesse darsi autorevolezza. «Un mistero della fede per me, ma farà parte anche questo di una cultura di destra, patriarcale» ho aggiunto.

Non l'avessi mai detto. Punta sul vivo, dodici ore dopo Giorgia Meloni non ha di meglio da fare che rispondere via social, con tanto di foto. Tutta al femminile – lei, la mamma, la figlia, la nonna – con il commento: «La nuova bizzarra tesi sostenuta da Lilli Gruber nella sua trasmissione di ieri sera è che io sarei espressione di una cultura patriarcale. Come chiaramente si evince da questa foto che ritrae ben quattro generazioni di "cultura patriarcale" della mia famiglia. Davvero senza parole». Peccato che per sconfiggere il patriarcato non basti avere una nonna o una figlia. Purtroppo questa tradizione nefasta è popolata di donne e da alcune portata avanti attivamente. In ogni caso, mi rallegro di questo «attacco» della capa del governo, che mi sforzo di vedere come un accenno di dialogo costruttivo. Un esercizio di democrazia al quale lei è poco abituata, osservo in una nota all'Ansa. E la invito, come ho già fatto altre volte, in trasmissione, con l'unica precisazione che «è sempre pericoloso, per il buon funzionamento democratico, quando un/una presidente del Consiglio attacca direttamente la stampa e i singoli giornalisti».

L'invito non viene raccolto. E alla fine dell'anno la destra appare ancora molto confusa sulla questione dei generi. La prima pagina del 29 dicembre 2023 di «Libero», quotidiano diretto da Mario Sechi, ex capo ufficio stampa di Meloni, titola a caratteri cubitali *Uomo dell'anno*, sopra una foto di lei in doppiopetto bianco. Messaggio chiaro: se una donna ce la fa, è perché è un uomo. «Abbiamo ribaltato il genere» si compiace Sechi nell'editoriale. Una frase che sembra fatta apposta per attirarsi gli strali di quanti tuonano contro «l'ideologia gender» e disprezzano qualunque appartenenza «fluida». Ma queste menti aperte non si posizionano anch'esse nel campo della destra? Mistero. E dunque Meloni è uomo o donna? Probabilmente metà e metà. Quando è colta in fallo, può lamentarsi che è attaccata in quanto donna. Ma quando vuole mostrarsi al comando, assume attributi maschili. Un po' come i supereroi, che cambiano identità e aspetto fisico a seconda della necessità. Resta solo da sperare che non si manifesti, in questa confusione, anche l'incredibile Hulk.

Avevamo sperato che le conquiste femminili fossero per sempre. La mia generazione si era illusa che la liberazione sessuale conducesse a una società più inclusiva, con più diritti per tutte e tutti. Che la fatica di sfondare i soffitti di cristallo li distruggesse definitivamente. Che ogni donna capace di arrivare in vetta potesse portare con sé, come in una trionfale cordata, le altre. E che le vittorie del femminismo aprissero la strada a quelle di ogni minoranza oppressa.

Non è andata così. Oggi dobbiamo tornare a combattere contro un sistema patriarcale che rialza la testa, contro un machismo di ritorno che invade ogni settore della società, contro una violenza che ci vede tutti in pericolo, in primo luogo le donne.

La morte di Giulia Cecchettin, uccisa a coltellate dall'ex fidanzato nel novembre del 2023, ha mobilitato l'Italia. Anche grazie alla lettera della sorella Elena, pubblicata il 20 novembre dal «Corriere della Sera». Elena denuncia le complicità di una società che nutre i giovani uomini alla mangiatoia del patriarcato, che li protegge e che perdona i loro eccessi. I colpevoli di femminicidi, dice Elena, non sono mostri, malati di mente, ma figli di un processo ben preciso. «La cultura dello stupro è ciò che legittima ogni comportamento che va a ledere la figura della donna, a partire dalle cose a cui talvolta non viene nemmeno data importanza ma che di importanza ne hanno eccome, come il controllo, la possessività, il catcalling. Ogni uomo viene privilegiato da questa cultura» spiega Elena. «Il femminicidio è un omicidio di Stato, perché lo Stato non ci tutela, perché non ci protegge. Il femminicidio non è un delitto passionale, è un delitto di potere.»

Nel 2023 sono stati uno ogni tre giorni e nei primi mesi del 2024 oltre uno alla settimana. Quello che allarma di più è il silenzio delle istituzioni, assenti non solo ai funerali di Giulia, ma anche dal discorso pubblico.

Ripenso alla lunga estate calda del 2023. Calda in senso meteorologico, e calda nelle cronache che hanno testimoniato una sequenza impressionante di crimini contro le donne.

Ai primi di luglio, a Palermo, Asia, diciannove anni, viene violentata in un'area abbandonata vicino al mare. Sono in sei, gli stupratori, di cui uno minorenne, mentre un settimo riprende la scena con il telefonino. Poi scappano. Lasciata a terra, contusa e traumatizzata, la ragazza viene portata all'ospedale e denuncia gli aggressori alla polizia. I sette vengono arrestati, i loro cellulari sequestrati. Nei messaggi che hanno avuto il tempo di scambiarsi dopo lo stupro di gruppo, non si trova traccia di rimorso.

«Eravamo cento cani sopra una gatta, una cosa così l'avevo vista solo nei video porno» scrive uno di loro. Il massimo del pentimento è di fatto un'autoassoluzione: «Eravamo troppi e sinceramente mi sono schifato un poco, però che devo fare la carne è carne».

«La carne è carne»: quella giovane donna, per loro, era un corpo da abusare e nient'altro.

In quello stesso mese, un nuovo orribile caso scoppia a Napoli, nel quartiere periferico di Caivano, controllato dai trafficanti di droga. Due cugine di dieci e dodici anni vengono violentate in un ex centro sportivo dismesso. Dopo un'inchiesta durata diverse settimane saranno arrestati in nove. Anche a Caivano, gli stupratori hanno voluto conservare una traccia delle loro ignobili prodezze, con filmati ripresi in diretta, in videochiamata con un amico.

Colpisce l'età delle vittime e dei carnefici. Due bambine, corpi ancora acerbi, spiriti fragili e sentimenti sicuramente confusi. Due vite distrutte per sempre. Giovanissimi anche i torturatori: dei nove arrestati, sette sono minorenni, il più piccolo ha quattordici anni. Loro non sono apparsi né fragili né confusi. Nell'ordinanza di custodia cautelare, il gip Umberto Lucarelli li descrive come «nove indagati, alcuni già con precedenti penali (lesioni, estorsioni, armi), accomunati da un comportamento brutale, crudele, e dalla totale assenza di pietà nei confronti di due ragazzine indifese, minacciate e trattate alla mercé di cose».

Di fronte a una situazione del genere ci troviamo tutti in difficoltà, a cominciare dalla giustizia che deve rispondere a una domanda importante: la giovane età dei violentatori può essere considerata un'attenuante? Maria de Luzenberger, della Procura per i minorenni di Napoli, dice: «In casi come questi, nei quali sono coinvolti minori, bisogna tutelare vittime e carnefici. Chiedo rispetto per due bambine soggette a lungo a una pressione mediatica enorme, e di evitare la gogna: i colpevoli meritano una punizione esemplare, ma va offerto loro un percorso di recupero».

A quanto pare, per una larga maggioranza degli italiani le responsabilità in questi casi non sono solo personali. In un sondaggio di Sky all'indomani dei fatti (si poteva scegliere più di una risposta), l'86 per cento degli intervistati ha accusato la famiglia, il 76 la scuola, il 73 la cultura patriarcale, colpevoli di non fornire ai bambini e agli adolescenti un'educazione sessuale e sentimentale adeguata. Il 74 per cento ha chiamato in causa anche il porno. Ma c'è un 26 per cento che considera il comportamento o l'abbigliamento della vittima come possibili fattori scatenanti della violenza.

Don Maurizio Patriciello, parroco di Caivano, non si fa illusioni: «Di questa vicenda si parlerà per qualche giorno, forse per qualche settimana, ma poi queste due povere ragazze si porteranno dentro questo trauma per tutta la vita». Da bravo pastore di anime, ha un pensiero anche per i colpevoli: «Sono vittime della povertà educativa». E aggiunge: «Abbiamo abdicato alla fatica dell'educare».

A chi l'abbiamo ceduta, questa responsabilità? A chi abbiamo affidato l'educazione dei nostri ragazzi alla vita e al sesso? Per don Maurizio, la risposta è un'altra domanda: «La pornografia è ormai una vera emergenza. Ma cosa si fa?».

Non è una domanda da poco. Che fare?

La violenza scatenata in questi stupri di gruppo mi ripugna. Lo stupro è una «profanazione», come mi dirà la ginecologa Alessandra Graziottin, da cui non si guarisce mai. E la modalità della «gang bang» lo rende ancora più terrificante. Questo è infatti uno dei generi più di successo nel mondo della pornografia online, oggi. Forse anche nei nuovi modelli di consumo a luci rosse si può trovare una parte di responsabilità.

Nel vivo di queste tragedie, sulla rubrica di lettere che tengo per il settimanale «7» del «Corriere della Sera», scrivo dell'influenza negativa del consumo massiccio di una pornografia violenta che ha ormai invaso il web. E il 2 settembre, mi aspetta una sorpresa. Un post del popolare sito *Dagospia*, riprendendo un'intervista di *Adnkronos*, propone a me e ai suoi lettori un abbinamento inatteso: a destra Rocco Siffredi, star incontrastata del porno, e a sinistra la mia foto.

Rocco è sobriamente vestito con una camicia bianca e una giacca gessata, guarda il lettore con severità.

La mano sinistra tesa, con il dito puntato, esprime un misto di ammiccamento e rimprovero. Sull'altra metà dello schermo c'è un mio primo piano preso durante la conduzione di *Otto e mezzo*. Ho un'espressione stupita. Il titolo di *Dagospia* spiega: *Rocco Siffredi risponde a Lilli Gruber*. «Il problema alla base di questo fenomeno è che il sesso, oggi, è accessibile anche ai minori e in modo indiscriminato» dice Rocco. «Bisognerebbe fare educazione sessuale ai più giovani, ma anche un'educazione tecnologica in modo che tutti sappiano cosa vedere o non vedere sul proprio telefonino.»

Con i suoi quarant'anni di carriera, Siffredi è una memoria vivente dell'industria del sesso e dei cambiamenti radicali che ha attraversato. Nei suoi film non sono certo mancate scene anche violente, ma con la sua anzianità di servizio è considerato il simbolo di un porno migliore, quello dell'età dell'oro. Il che non gli impedisce di conoscere e frequentare il mercato odierno. Spiega infatti: «Oggi ci sono piattaforme che si basano sulla raccolta delle preferenze degli utenti, come delle banche dati, che poi a seconda di ciò che le persone vogliono vedere preparano dei contenuti». Ma non pensa che questi contenuti possano aver destato emulazione. Sul tema delle somiglianze tra gli stupri di Palermo e di Caivano e i video di gang bang commenta infatti: «Io ho sempre considerato l'industria del porno lo specchio del sentire della società. E se c'è un aumento della richiesta di questo tipo di scene è perché c'è un aumento di violenza». Ribalta quindi la mia argomentazione: non è la pornografia online a influenzare le azioni delle persone, ma il contrario. E aggiunge una considerazione di ordine professionale: «Ormai molti registi porno – non tutti per fortuna, ma alcuni sì – hanno smesso di preoccuparsi del benessere delle attrici; per esempio, la donna soffre per una tripla penetrazione anale? Le si fa una punturina per anestetizzare. Non ci si rende conto che così quello che si anestetizza, insieme a tutto il resto, è la coscienza dei nostri giovani, lasciati soli con in mano un telefono che gli apre un mondo che non sono in grado di gestire e comprendere». Sembra quasi di sentir parlare il parroco di Caivano, quando conclude: «I video porno non dovrebbero sostituirsi all'educazione sessuale. Purtroppo nella nostra società lo fanno».

E così il diavolo e l'acqua santa si ritrovano dalla stessa parte della barricata.

Pornocrazia

Nell'estate del 2023, il porno entra con prepotenza nelle discussioni degli italiani. Che ne sono, peraltro, tra i maggiori consumatori al mondo: secondo i dati diffusi da *Pornhub*, uno dei principali siti di video hard, nel 2022 l'Italia è in sesta posizione tra i principali fruitori, nel 2023 in ottava. Sul podio Stati Uniti, Filippine e Francia.

La pornografia online non è una catastrofe naturale, è un fenomeno creato, sviluppato e gestito dagli uomini. Con i disastri climatici ha però in comune una caratteristica: sembra inarrestabile. Ha conosciuto una tale accelerazione negli ultimi anni che non è più possibile ignorare la sua influenza e il suo impatto.

Ormai domina il web, dove rappresenta il 30 per cento del traffico di immagini. Le grandi piattaforme hard, come *XVideos*, *XNXX*, *xHamster* e *Pornhub*, sono tra i siti più visitati in assoluto. Centinaia di milioni di uomini e, in misura minore, di donne li frequentano ogni giorno per rendere più piccante la loro vita sessuale, che sia reale o immaginaria. E legioni di ragazzi e ragazze, armati di smartphone, cercano qui le risposte alle domande che tutti gli adolescenti si pongono. In una sola clip di dieci minuti, possono passare in rassegna un campionario di ginnastica sessuale che le generazioni precedenti impiegavano molto più tempo a scoprire.

Le ricerche serie e attendibili sull'argomento sono rare. Uno degli studi più recenti, condotto negli Stati Uniti nel 2022, rivela che più di tre quarti dei minorenni intervistati (maschi e femmine) sono consumatori di pornografia online, e che l'età media di accesso a questo mondo è di dodici anni. Ancora più recente e vicino a noi è *Lo stato dell'adolescenza 2023*, condotto da tre ricercatori del Cnr. Il campione preso in esame conta più di quattromila liceali italiani, tra i quattordici e i diciassette anni. Quasi il 90 per cento dei maschi e il 40 per cento delle ragazze hanno frequentato più o meno assiduamente siti hard. Troppo porno, e troppo presto: un fenomeno globale che merita di essere esplorato.

Sulle abitudini degli adulti le statistiche diffuse da *Pornhub* rivelano un immaginario variegato. Circa dieci minuti è il tempo di durata media della visita. Le prime ricerche degli italiani: «italiano», «milf», «amatoriale», in pratica i nostri uomini cercano filmini delle loro madri che stirano nude. Anche in America le «milf» si trovano sul podio, ma insieme a «hentai» (animazioni porno sullo stile dei manga giapponesi) e «lesbian».

In questi video i codici sono chiari: erezione, penetrazione, eiaculazione costituiscono l'arco narrativo di un susseguirsi di scene di sesso. Il corpo femminile, ridotto ai suoi orifizi, serve come ricettacolo dell'esplosione del piacere dell'uomo. Si richiede, spesso, che le dominate esprimano la loro soddisfazione nei confronti del dominatore con gli appropriati sospiri e gemiti. Spesso, ma non sempre: anche la sofferenza, la violenza, la vittima presa contro la sua volontà, umiliata e ferita sono opzioni diffuse. Siamo nel mondo dei corpi intercambiabili e senza valore, compresi quelli maschili.

Tra adulti consapevoli, non c'è da scandalizzarsi. Ma, come abbiamo visto, il porno non è più, se mai lo è stato, una faccenda per adulti consapevoli. La massiccia diffusione dei video gratuiti online è il vero *game changer* e il problema interpella tutti: i più vecchi e i più giovani, i genitori, gli educatori, la politica e anche l'economia.

Ormai è qui che i ragazzi apprendono le regole del gioco, finendo nelle maglie di un sistema che sfrutta la loro curiosità, li circuisce e si impossessa dei loro corpi, delle loro menti e non ultimo dei loro dati personali. Dovremmo passare il tempo a ripeterglielo: «Non farti fottere! Qui non decidi tu».

Invece, non diciamo niente: li lasciamo soli davanti agli schermi. Di porno nessuno parla davvero, al di là delle notizie del giorno, della singola emergenza che si vorrebbe «risolta» da un decreto, quando non da una passerella. D'altra parte, è una zona grigia tra lecito e illecito. Esistono norme per proteggere i più piccoli: la pornografia non è reato, a meno che non abbia per oggetto dei minori, nel qual caso sono sanzionati anche solo il possesso o l'accesso ai materiali. Oltre questa basilare misura di civiltà, si stende un deserto normativo all'interno del quale si fatica a intervenire con efficacia.

E così la politica alterna imbarazzati silenzi e rumorosi pudori. A inizio ottobre del 2023, la discussione in Parlamento di una mozione sull'educazione sentimentale e sessuale dei minori, presentata dal Movimento 5 Stelle, ha prodotto alla Camera un'indegna *bagarre*. Un deputato leghista scandalizzato e offeso ha accusato le opposizioni di voler «obbligare i bambini alle loro porcherie». Peccato che i bambini siano già vittime di porcherie assai peggiori e dannose.

Le istituzioni devono aprire gli occhi. La sessualità è una chiave della sopravvivenza della specie, è un elemento fondamentale della nostra psiche, è una fonte di desiderio e piacere, ed è una dimensione umana che ha dato origine a infinite forme di creatività. Ridurre la conoscenza e la cultura del sesso al porno online, nel silenzio e nell'ipocrisia, significa inquinare la nostra convivenza e ipotecare il futuro delle generazioni digitali. A loro – soprattutto ai giovani uomini – stiamo trasmettendo una falsa idea che nega la complessità di un'esperienza dalle mille sfumature.

Non è un problema morale. È un problema sociale e civile. Va affrontato e la prima necessità è parlarne.

1

La banalizzazione dello stupro

Caivano era già diventato un luogo comune, il simbolo di ogni realtà da risanare nel Paese, quando Giorgia Meloni è andata in visita ufficiale al quartiere Parco Verde, a fine agosto del 2023. Ha speso qualche parola di compassione per le vittime, ma soprattutto ha portato un messaggio forte, in tono con il suo percorso politico personale e con la linea del suo partito: sanzioni, legge e sicurezza. «Siamo venuti qui a dire che ci mettiamo la faccia» ha dichiarato, e ancora: «Questo territorio sarà radicalmente bonificato».

A fine novembre, il ministro dell'Agricoltura Francesco Lollobrigida è andato a inaugurare l'area verde adiacente al centro sportivo abbandonato, teatro della tragedia: uno spazio, hanno vantato i comunicati, «riqualificato» a tempo di record. Per farlo, ha costretto un Frecciarossa a una fermata imprevista, tra mille polemiche. Da allora, oltre a essere il ministro *gaffeur*, è anche il ministro capotreno. Ne valeva la pena, ha sostenuto, perché lo Stato a quella cerimonia doveva esserci.

La presenza delle istituzioni è sempre opportuna. Più urgente sarebbe andare alle radici di una violenza che persiste e dilaga.

Le cronache ci consegnano ogni giorno storie agghiaccianti. A fine gennaio del 2024, un nuovo orrore: sette ragazzi egiziani tra i quindici e i diciannove anni partecipano a una violenza di gruppo su una tredicenne di Catania in un bagno pubblico, davanti al fidanzato di lei. Le analogie con lo stupro di Palermo sono evidenti, i due crimini sono figli di una stessa cultura. Come ha scritto sui suoi social l'attivista e scrittrice Carlotta Vagnoli nel luglio del 2023: «Non sono animali, non sono un branco, non sono cani. Sono un gruppo di giovani uomini che ha imparato alla perfezione la cultura di prevaricazione che insegna loro a usare le donne per dimostrare la propria potenza. [...] Ed è proprio a questi uomini, fin da giovanissimi, fin da bambini, che la politica deve rivolgersi per prevenire la violenza sistemica contro le donne».

Colpire le vittime

La cultura della prevaricazione ha tra le sue armi più classiche la colpevolizzazione delle vittime. Pensiamo solo alla raffica di insulti e minacce scagliata contro la ragazza di Palermo, in primo luogo sui social: «Te la sei cercata di gran lunga»; «Basta vedere come ti vesti e si capisce tutto»; «L'hai voluto tu!

Prima ti piace, poi denunci»; «Non c'è molto da difendere, lei era consenziente»; «Dai che ho proprio voglia di ridurti io a brandelli»; «Non avresti dovuto denunciare».

Incolpare le innocenti rimane lo sport nazionale, anche quando lo si fa in forma più educata e paternalistica. Il giornalista Andrea Giambruno, a settembre del 2023, durante la sua trasmissione su Rete 4 ha dato voce a un luogo comune tossico quanto diffuso: «Se eviti di ubriacarti e di perdere i sensi, magari eviti anche di incorrere in determinate problematiche perché poi il lupo lo trovi».

Giambruno, all'epoca compagno di Giorgia Meloni, è finito poche settimane dopo nel mirino di Antonio Ricci, che con una serie di fuorionda bene assestati ha mandato in frantumi la sua vita e la sua relazione. Lo abbiamo visto lasciarsi andare a battute sessiste pesanti con le colleghe in studio, e prontamente è stato mollato da Meloni in diretta social. Così, anche il prode e incauto Giambruno ha incontrato il suo lupo: magra consolazione.

Il sessismo si insinua in tutti i nostri discorsi, è programmato nei nostri cervelli da secoli. Nella banalità e nella volgarità di tanti commenti fatti sui casi di stupro, vedo il sintomo preoccupante di un grave passo indietro per le libertà femminili.

Pensiamo a una sentenza giudiziaria che ha investito il mondo della scuola e che ha avuto eco anche all'estero. La storia comincia nell'aprile del 2022 in un istituto superiore di Roma. Una studentessa diciassettenne, salendo le scale, sente una mano che si infila sotto i suoi pantaloni e le accarezza il sedere. Si volta e coglie in flagrante un bidello di sessantasei anni. La ragazza racconta l'accaduto e la scuola denuncia, si apre un'inchiesta. Il pubblico ministero chiede tre anni e mezzo di prigione per aggressione sessuale.

Ma a luglio del 2023, arriva l'assoluzione. Secondo i giudici il gesto del collaboratore scolastico lascia «ampi margini di dubbio sulla volontarietà nella violazione della libertà sessuale della ragazza», e quindi può essersi trattato di uno scherzo, sebbene «sicuramente inopportuno», frutto di una «manovra maldestra». L'uomo viene assolto perché «il fatto non costituisce reato». Così, la giustizia italiana ci riporta in pieno Medioevo.

I magistrati hanno considerato come un'attenuante la breve durata del palpeggiamento: tra cinque e dieci secondi. Decine di persone, tra cui diversi artisti, hanno messo online video in cui si toccavano il seno o le natiche per questo lasso di tempo, dimostrando quanto possa essere lungo. Mi pare comunque avvilente il livello della discussione: trovarsi la mano di un estraneo nelle mutande è tollerabile per dieci secondi, o per cinque, o per dodici? Il punto è un altro: quella mano non doveva esserci.

Siccome le notizie curiose attraggono l'attenzione, la sentenza si è meritata commenti sarcastici e censori su «Le Monde» e sul «New York Times».

«In Italia, palpeggiare per dieci secondi una minorenne non costituisce reato» ha commentato il quotidiano francese. Quello americano ha ampliato il discorso: «Il fatto che tanti italiani minimizzino le denunce di molestie sessuali divide nettamente il Paese dagli Stati Uniti e da altri Paesi europei in cui molte istituzioni, come pure grandi aziende e cittadini in vista, hanno saputo denunciare gli abusi e metterne sotto accusa i colpevoli». E rileva anche: «Negli ultimi anni, diverse sentenze giudiziarie in Italia hanno scatenato reazioni di rabbia verso stereotipi di genere duri a morire, e verso le difficoltà che si incontrano nelle battaglie legali sui casi di violenza sessuale».

Ha rincarato la dose Tobias Jones, un giornalista britannico da tempo residente da noi. *«Qualunque vittima mente»: gli scandali sulle violenze sessuali in Italia rivelano un sessismo profondo* è il titolo del suo articolo sul «Guardian». Jones dichiara impietoso: «Il Paese è chiaramente indietro di decenni, sul tema dell'eguaglianza di genere», e cita le incarnazioni mediatiche di un immaginario femminile del tutto fuori tempo, dalle «veline» in tv al concorso di Miss Italia. Non mancano i riferimenti al compianto Silvio Berlusconi, alle sue barzellette politicamente scorrette e al suo «bunga bunga», responsabili, secondo Jones, della collettiva perdita di una «bussola morale».

Senza consenso

È sempre dell'estate del 2023 un'altra notizia inquietante: ad agosto, due giovani vengono assolti dall'accusa di stupro di una ragazza che all'epoca dei fatti, cinque anni prima, era minorenne. È successo in una villa vicino a Firenze, durante una festa di studenti. Come sempre hanno bevuto, ballato, fumato di sicuro più del dovuto. E alla fine l'adolescente, a malapena cosciente, è stata usata come sfogo sessuale da due compagni di classe, uno dei quali un suo ex.

Ed ecco le motivazioni dell'assoluzione: «La ragazza era in un forte stato di alterazione, e non essendo in grado di esprimere il consenso si presume non sia stata in grado di esprimere diniego». Un'attenuante, quindi, sarebbe l'ubriachezza della vittima. Un'altra, a sorpresa, la pornografia. I violentatori, infatti, sarebbero stati «condizionati da un'inammissibile concezione pornografica delle loro relazioni con il genere femminile, forse derivante da un deficit educativo e comunque frutto di una concezione assai distorta del sesso». E perciò, sono stati assolti.

Una sentenza terrificante. La Corte di Cassazione si è espressa più volte e in modo chiaro: perché ci sia violenza basta la mancanza di consenso, dal momento che il reato può essere commesso ai danni di una persona dormiente o, appunto, in stato di alterazione. Nelle relazioni sentimentali e sessuali un «no» significa «no». E uno stato d'incoscienza non può mai significare «sì». Infine, chi frequenta abitualmente il mondo del porno non per questo è autorizzato a comportarsi come in un film hard.

Di fronte a questi episodi, spesso la tentazione è quella di ammonire le vittime. Giorgia Meloni si compiace di ricordare che sua madre, quando usciva, le diceva: «Occhi aperti e testa sulle spalle». Sempre un buon consiglio, fin dall'età della pietra. Tuttavia, il sottotesto è che il problema sia il comportamento dell'aggredita, e non dell'aggressore. Spetterebbe a noi donne il compito di stare sempre e ovunque in guardia, di gestire le situazioni di pericolo che ci attendono quando mettiamo piede fuori di casa. Ma sulla nostra libertà pensavamo di aver fatto qualche passo avanti. Se invece siamo ancora al maschio predatore, dobbiamo preoccuparci del collasso di un intero sistema, a cominciare da quello educativo.

A settembre del 2023, l'*Ipsos* pubblica un sondaggio sulla percezione della violenza da parte dei giovani. Il 20 per cento degli intervistati, tra i quattordici e i diciannove anni, pensa che la violenza possa essere provocata anche dall'abbigliamento e dal comportamento delle vittime. Una minoranza niente affatto trascurabile. Un giovane su cinque è ostaggio di quest'idea assurda e retriva secondo cui vestirsi come si vuole è un'istigazione a delinquere.

Sempre secondo la ricerca, l'80 per cento dei giovani ritiene che una donna possa sempre sottrarsi a un rapporto sessuale, se non le va. Siamo davanti a un'idea completamente fuori dalla realtà. Nel marzo del 2023, in occasione della Giornata internazionale della donna, il ministero dell'Interno pubblica un rapporto intitolato *Donne vittime di violenza*. Si parla di stalking, stupri, femminicidi, e si registra «un significativo incremento» di questi reati e «un trend di crescita per le violenze sessuali».

È centrale quindi far capire ai nostri giovani uomini che il consenso non è un dettaglio, ma il presupposto stesso di un piacere condiviso. Che razza di maschio sei se cerchi un rapporto senza partecipazione e senza piacere della partner? Che sesso è questo?

La risposta è tristemente semplice: non è sesso, è pornografia.

L'esplosione del porno

Tre sono i fattori che legano questi casi e molti altri: la banalizzazione dello stupro, la cultura della violenza e il disprezzo della libertà femminile. Sono elementi che ritroviamo anche in un business, quello della pornografia, cresciuto negli ultimi anni fino a raggiungere dimensioni colossali.

Nella maggior parte dei video, le femmine sono rappresentate perlopiù come sottomesse ai desideri sessuali di uno o più maschi, che penetrano (nell'ordine o contemporaneamente) la bocca, la vagina, l'ano. È l'avanzata del soldato sul campo di battaglia, fino alla vittoria sotto forma di una gloriosa eiaculazione. E il campo di battaglia è il corpo della donna.

Appartengo a una generazione che ha visto

nell'erotismo una forma di liberazione, compresi i film hard. Il primo l'ho visto a sedici anni a Londra, dove i miei genitori molto liberal mi avevano mandato per perfezionare l'inglese. Ma quel tipo di pellicole e quel modello di fruizione sono lontani anni luce da quelli di oggi. La pornografia, divenuta di massa, è troppo spesso un veicolo che ci riporta a un modello antico di sottomissione femminile e di sfruttamento dei corpi.

Secondo il centro studi americano *Statistics&Data*, le cinque maggiori piattaforme del porno hanno avuto, nel 2022, una media mensile di 10 miliardi di accessi. «Al giorno d'oggi, nel mondo, circa 2,5 milioni di persone ogni 60 secondi visitano i siti porno più popolari» si legge invece su *EarthWeb*, che analizza il traffico di internet. Stando a *SexualAlpha*, nel solo anno 2019, su *Pornhub* sono state guardate quasi 6 miliardi di ore di video hard. Basta una rapida ricerca per capitare sugli aggregatori di contenuti del settore, come *Porn Map* e *The Porn Dude*, che elencano migliaia di siti a luci rosse con decine di milioni di video di ogni tipo. Una vera e propria fioritura dei consumi, ancor più dopo la pandemia di Covid-19 che ha generato una richiesta senza precedenti.

Nell'ultimo decennio, il volume di queste immagini in circolazione sulla rete è raddoppiato, e rappresenta oggi circa un terzo del traffico. È evidente che la stessa banda larga non esisterebbe senza la pornografia.

Queste cifre mi interessano perché *size matters*: le

dimensioni contano, eccome. Il fenomeno è vecchio come il mondo, ma la sua estensione è una novità dei nostri tempi. Un'altra caratteristica nuova, e cruciale, è la gratuità della maggior parte dei contenuti.

È una strategia di mercato ben nota per invogliare il consumatore a passare dalla vetrina al negozio e acquistare prodotti a pagamento, meglio se su abbonamento, più in linea con le proprie voglie. Ma nel frattempo, lo spettacolo *free* è accessibile a tutti, compresi i minori. Per loro, e per gli adulti meno scafati, si tratta di una visione ipnotica, che può finire con l'anestetizzare l'immaginario, il desiderio e, paradossalmente, lo stesso slancio sessuale.

Le conseguenze sono ancora tutte da decifrare. Non si tratta solo degli effetti sulla morale o sulla cultura, per quanto rilevanti, ma di una variazione di paradigma che rivoluziona i rapporti tra i generi. Dopo migliaia di anni di lenti cambiamenti, oggi la nostra sessualità sta subendo mutamenti di vertiginosa rapidità. Si gioca ormai tra il mondo reale e quello virtuale. E il sesso online, sostituto di quello fisico, è carico di illusioni e di false rappresentazioni.

Per questo, occorre innanzitutto una battaglia non contro la pornografia, ma per la responsabilità e per il piacere. Altrimenti, milioni di utenti anche minorenni continueranno ad attingere esclusivamente a questo immaginario e a ricavarne un'idea precisa del sesso, del corpo, delle relazioni. Un'idea perlopiù sbagliata.

2

Il labirinto del porno

Il porno è sempre esistito: illustrazioni, letteratura, riviste, film. Nel cinema ha fatto il suo debutto presso il grande pubblico negli anni Settanta, l'epoca del porno-chic, e si è sviluppato a dispetto di ogni barriera morale, religiosa e a volte persino legale.

Gli storici del genere ritengono che due celebri pellicole, *Gola profonda* e *Dietro la porta verde*, abbiano segnato uno spartiacque: era il 1972, e nelle sale di New York usciva allo scoperto ciò che fino ad allora era stato riservato a proiezioni quasi clandestine. Poi, il settore si è sviluppato parallelamente alle tecnologie disponibili: canali tv, videocassette a noleggio o in vendita, dvd e infine internet.

L'avvento del web ha visto diffondersi i primi siti a pagamento, che caricavano con estenuante lentezza foto e brevi video. Ma l'esplosione del consumo, e quindi della produzione, si è verificata negli anni Duemila, con la banda larga e i portali pornografici: sono stati questi due elementi a consentire una fruizione discreta, rapida, individuale e illimitata. Una tendenza che ha in seguito accelerato fino a raggiungere i numeri astronomici di oggi.

I padrini del sesso

Gola profonda ha tenuto a battesimo il fenomeno della pornografia di massa. Ha cambiato innanzitutto la vita della sua protagonista, Linda Lovelace, che da prima grande star del settore ne è divenuta la più accanita accusatrice. Nella sua autobiografia *Ordeal*, del 1981, ha raccontato di essere stata costretta a recitare nel film da quello che era all'epoca suo marito, e anche il suo agente, Chuck Traynor. È stata minacciata per tutta la durata delle riprese: «Ho girato con una pistola puntata addosso». Iperbole o metafora? Una cosa è certa: la pornografia di quegli anni non era un ambiente per anime sensibili. Negli Usa era controllata dalla mafia italiana.

Gola profonda fu finanziato da un membro di una delle cinque famiglie che dominavano New York: il produttore, che compariva sotto il nome di Lou Perry, era infatti Louis «Butchie» Peraino, figlio di Anthony Peraino, «soldato» della famiglia del boss siciliano Joseph Colombo. E proprio il clan Colombo investì 50.000 dollari nei sei giorni di riprese a Miami.

Nulla di sorprendente in questa scelta: la criminalità organizzata già controllava il mercato della prostituzione e quello neonato della pornografia, con le dark room e i peep show di Times Square, a Manhattan. La famiglia, una volta passata sotto l'ala di Carmine Persico dopo la sparatoria che aveva lasciato paralizzato Joseph Colombo, si era lanciata anche nella produzione di film hard, all'epoca noti come *smut movies*, «film sporchi». Ma *Gola profonda* fu diverso da tutti gli altri. Fu come vincere alla lotteria. Uscito il 12 giugno a New York, fece un milione di dollari di incasso nella prima settimana, l'equivalente di sette milioni oggi. In sei mesi, erano già triplicati. Nulla di simile si era mai visto in questo genere cinematografico. Linda Lovelace per la sua performance ricevette 1.250 dollari.

I Peraino, padre e figlio, dimenticando chi fossero i finanziatori originari del progetto, intascarono tutti i proventi. Una mossa non avveduta: il 4 gennaio 1982, a quasi dieci anni dall'uscita nelle sale, furono raggiunti da una raffica di colpi in una via di Brooklyn. Il padre rimase ucciso sul colpo, il più giovane finì in sedia a rotelle. Una passante cinquantenne fu la vittima innocente di questo regolamento di conti, ultimo episodio della storia, particolarissima, di un film entrato nel mito.

Questo agguato mafioso compare nel rapporto di duemila pagine consegnato a luglio del 1986 dalla Commissione d'inchiesta sulla pornografia istituita negli Stati Uniti l'anno prima. Ed è inserito in un contesto più ampio: «La Commissione ha scoperto che gli interessi del crimine organizzato nell'industria pornografica degli anni Settanta comprendevano lo spaccio di droga, il riciclaggio di denaro, reati fiscali e omicidi. Alla fine di quel decennio diverse persone coinvolte nel business a luci rosse furono assassinate, in quelle che le forze dell'ordine ritengono vere e proprie faide per il controllo del territorio pornografico». L'imboscata ai Peraino rientra in questa esplosione di violenza. Le cosche, valuta il rapporto, «entro il 1975, controllavano l'80 per cento del settore, oggi la cifra è stimata tra l'85 e il 90 per cento». Erano gli anni Ottanta. E oggi?

Il cinema hard a casa

A partire dal dopoguerra, cominciano trent'anni gloriosi per l'economia e liberatori per le nostre società occidentali. In campo politico, come in quello sessuale e nella morale pubblica, crollano vecchi tabù. Piccoli studios producono i primi film per adulti, con una diffusione limitata a sale specializzate nei recessi più oscuri dei sexy shop.

Poi, negli anni Settanta, si spalancano più circuiti commerciali e le porte del sogno americano. La California, e soprattutto quella vera e propria Mecca del cinema che è Hollywood, diviene rapidamente il cuore della produzione mondiale. La Valle di San Fernando, alla periferia di Los Angeles, viene ribattezzata Valle di San Pornando o Silicone Valley. E in genere, le produzioni sono le stesse, cosicché l'industria del porno, perlomeno quello di qualità, si costruisce su strutture analoghe a quelle del cinema mainstream, con sceneggiatori, registi, attori, tecnici. L'offerta di attori supera la domanda: non è un mercato favorevole per loro, e anche le star più importanti di ambo i sessi non guadagnano cifre astronomiche, oltre ad avere una carriera piuttosto breve.

L'avvento delle videocassette prima, e dei dvd poi, porta a una distribuzione più capillare e cambia radicalmente i parametri del mercato. Si tratta di una transizione tecnologica fondamentale che, come sempre accade, corrisponde a un cambiamento dei contenuti e dei modelli di consumo. Lo spettatore, oltre ad avere una scelta molto più ampia, può guardare tutto in privato, nella comodità del salotto o della camera da letto. Ora chi si sente ispirato dagli artisti che si esibiscono nei video può dare libero sfogo a pratiche erotiche solitarie, di coppia o di gruppo. Anche alcuni canali televisivi privati entrano nel settore: in Francia, per esempio, i film a luci rosse vengono trasmessi nel 1985 da Canal+, il primo sabato del mese, dopo mezzanotte. La decisione era stata presa nientemeno che ai più alti livelli istituzionali: il capo di Canal+, André Rousselet, aveva infatti chiesto un parere al presidente della Repubblica in persona, François Mitterrand. La risposta era stata positiva, a patto che i film trasmessi conservassero «una dimensione artistica».

Di questa epoca d'oro del porno parlo con uno dei protagonisti, l'italiano Mario Salieri, regista e produttore. Napoletano, con una reputazione di raffinatezza e cura del prodotto, come prima cosa mi conferma che durante la sua carriera è stato testimone di almeno due importanti rivoluzioni, dato che ha cominciato a fare porno nel 1979.

«Era l'anno di nascita della videoregistrazione domestica» racconta. «Mi sono reso conto che in quel momento si passava dalla sala a luci rosse a un evento straordinario che avrebbe totalmente cambiato l'utilizzo della pornografia.» Così, Salieri decide di investire nel settore e fonda due case di distribuzione: una per i prodotti hard e una per il cinema tradizionale. La seconda, dopo due anni, chiude i battenti. E rimane il porno.

Questa rivoluzione tecnologica è la sua fortuna. Negli anni Novanta, il nome di Mario Salieri è sinonimo di successo, oltre che di un approccio d'autore: film come *Dracula* o la serie di *Concetta Licata* mostrano la volontà di rifarsi a un patrimonio collettivo di soggetti, temi e personaggi che rimanda al cinema più classico. «È un tipo di produzione legata alla realizzazione di un soggetto con una narrazione, che si muove soprattutto nel tentativo di offrire allo spettatore delle emozioni erotiche ancor prima che pornografiche» spiega Salieri. E aggiunge che fin da subito la sua difficoltà è stata trovare attrici dotate non solo di bellezza e sensualità, ma anche di una certa capacità interpretativa. «Sono abituate ad andare sul set, spogliarsi, compiere l'atto sessuale e andare via. Entrare in un personaggio e viverlo per loro è una cosa molto, molto complessa. Non tutte sono capaci di farlo» sottolinea. Quelle che riesce a ingaggiare diventano le *Salieri girls*, con un contratto di esclusiva. «C'è stato un periodo, soprattutto tra la fine degli anni Novanta e l'inizio dei Duemila, in cui avevo un grosso serbatoio di ragazze contrattualizzate che lavoravano solo per la mia casa di produzione.»

Ancora più difficile, aggiunge, era procurarsi i protagonisti maschili: nel settore erano in pochi a poter garantire la performance dall'inizio alla fine e senza cedimenti strutturali. «Ovviamente fare un vero film pornografico con attori che non raggiungessero l'erezione era impossibile, e quando capitava era una perdita economica notevolissima» dice Salieri. «Bisognava fermarsi, chiamare altri attori, perdere giornate di produzione, pagare comunque le attrici, le location, i tecnici: diventava un dispendio importante. Quindi dovevamo affidarci a quelli che potevano offrire una garanzia e ce n'erano pochi in Europa, diciamo una decina.» Lavoravano sempre gli stessi, insomma, tra cui Rocco Siffredi, «che tra l'altro ha iniziato con me la sua carriera, ed era certamente uno tra i più dotati. Diciamo che tra questa decina di attori il 70 per cento era francese e il 30 per cento italiano» conclude Salieri, con un assist formidabile all'orgoglio latino.

L'avvento del digitale

Negli anni Novanta, anche nel mondo del porno comincia un fenomeno che caratterizzerà molte altre realtà produttive: la delocalizzazione. In particolare, dopo il crollo del Muro di Berlino, la scena europea si sposta a Est: «Per esempio, in Ungheria c'era gente che faceva la fame vera» illustra Salieri. «Di conseguenza le produzioni sbarcavano lì proprio per portarsi denaro facile a casa.» Se il fattore economico era preponderante, qualche volta interveniva anche un po' di vocazione. «C'è comunque sempre stato un piccolo numero di donne particolarmente motivate, esibizioniste: quelle che alla fine sono diventate le grandi star internazionali.» Anche oggi il Paese ultraconservatore di Orbán è tra i più gettonati dall'industria per adulti. «Barcellona, Budapest e Praga: questo è un po' il triangolo» elenca Salieri. «Budapest e Praga anche per una vicinanza a nazioni in cui esiste una categoria di pornostar molto sviluppata, mi riferisco alla Russia, all'Ucraina, alla Polonia. Da qui proviene buona parte delle attrici attuali.» Piuttosto che pagare spese di viaggio e alloggio, è più facile ed economico creare in loco piccoli studios per alimentare i siti internet.

Fare un film, infatti, è diventato enormemente più facile grazie alla seconda mutazione tecnologica che evidenzia Salieri: il passaggio, per la produzione, dall'analogico al digitale. «È stata una rivoluzione epocale, anche se molti non lo sanno, perché ha consentito praticamente a tutti di potersi avvicinare alla produzione di materiale pornografico.» Prima, realizzare un audiovisivo era molto più costoso, con la difficoltà aggiuntiva che «non era semplice trovare delle sale di montaggio disposte a lavorare su prodotti destinati al mercato degli adulti» ricorda il regista. «Invece con il passaggio al digitale, in buona sostanza spendendo 800.000 lire di allora, si riusciva praticamente a ottenere lo stesso risultato per cui nell'epoca analogica avremmo speso 25-30 milioni.»

Il mercato viene così invaso da video di ogni genere e di diversa qualità e gli attori più smart e quotati, come lo stesso Siffredi, decidono di diventare produttori di se stessi. «Ovviamente, quando subentra tanta concorrenza, comincia una guerra di prezzi al ribasso per vendere di più. Di conseguenza i fatturati sono crollati» dice Salieri. «Io sono andato avanti perché sono riuscito con il mio lavoro a creare un pubblico di appassionati che mi segue sempre e comunque, anche oggi, a distanza di quasi quarant'anni. Però molti miei colleghi, in quel passaggio, non ce l'hanno fatta.»

I pochi rimasti si sono trovati quasi subito nel bel mezzo di una terza rivoluzione, che ci ha portati dove siamo oggi: quella di internet.

Il porno in tasca

Secondo gli esperti, il primo sito porno sarebbe stato creato nel 1995 dalla ballerina di strip-tease Danni

Ashe, con l'evocativo titolo di *Danni's Hard Drive*. Da lì, un'evoluzione vertiginosa.

All'inizio degli anni Duemila, compaiono gli aggregatori di contenuti video destinati a un pubblico sempre più vasto. Se prima erano gli attori a diventare produttori, ora sono gli spettatori stessi che caricano i propri filmati. Nel 2005 esordisce *YouTube*. Nel 2007 cominciano il loro trionfale percorso i grandi siti pornografici.

La concentrazione della distribuzione ha raggiunto il picco nel 2013 con la nascita del colosso *MindGeek*, di cui parleremo, che dall'agosto del 2023 ha cambiato nome in *Aylo*. Controlla *Pornhub* e *YouPorn* ed è dunque di gran lunga la società più potente. Nel giro di pochi anni si è passati, insomma, dalla produzione artigianale a quella industriale e, per così dire, dal commercio al dettaglio alla grande distribuzione.

Durante le ricerche per questo libro ho letto innumerevoli studi, la maggior parte stranieri. Da oltre dieci anni esiste una rivista online che affronta questi temi, nell'ambito di un progetto più ampio sulla sessualità in Italia: «Gender/Sexuality/Italy». È pubblicata in inglese negli Stati Uniti e riprende l'idea di una delle testate scientifiche più serie, l'americana «Porn Studies», nata nel 2014. Oggi, come si legge in un editoriale del 2022 di «Gender/Sexuality/Italy», «l'industria italiana del porno è stata inglobata e in qualche modo obliterata dai processi di concentrazione globale e di delocalizzazione, che hanno trasformato la produzione pornografica mondiale nell'era digitale. È significativo che figure nazionali di rilievo come Rocco Siffredi e Mario Salieri abbiano spostato le loro attività nell'Europa dell'Est. In altre parole, gran parte di quello che oggi potremmo chiamare porno italiano è inestricabilmente legato ai principali network globali di produzione, distribuzione e consumo culturale entro cui opera la pornografia».

Così, i nuovi punti di riferimento della nostra vita intima sono i modelli standard proposti dall'ipermercato del porno online. Che ha seguito, in realtà, lo stesso percorso evolutivo di tanti altri settori del capitalismo occidentale: il progresso tecnologico e l'ideologia del primato dell'individuo hanno prodotto consumatori che un ottimista definirebbe «autonomi», e un pessimista «atomizzati». Gli spettatori non siedono più davanti a un televisore e spesso nemmeno davanti a un computer: piuttosto, osservano assorti il telefonino. Secondo l'Unione internazionale per le telecomunicazioni, nel 2023 il 90 per cento della popolazione mondiale dispone di una connessione internet ed esistono quasi 17 miliardi di cellulari, smartphone e tablet. Gran parte di questi device permettono di scattare fotografie e girare video di alta qualità oltre che di fruire di un numero illimitato di contenuti. E di condividerli.

«L'enorme problema di internet è la pirateria, che resta impunita e resterà impunita per sempre. Perché è impossibile combatterla in rete» osserva Mario Salieri. «I colossi americani hanno deciso di sostituire la pornografia audiovisiva con la videochat online: hanno aperto grandi siti che offrono gratis il prodotto alle persone per poi spingerle sulle piattaforme di videochat», che hanno costi di realizzazione quasi nulli. Così il filmato porno, un tempo al centro della dinamica di mercato, è stato declassato a prodotto civetta, che non richiede grandi investimenti. «Ci sono studi che sono vere e proprie catene di montaggio» dice Salieri. «Realizzano due-tre scene al giorno, senza alcuna storia, dove sono solo rappresentati i rapporti espliciti. Vengono caricati su internet così, a ritmo sostenuto. Sostanzialmente, per i produttori, il segreto è riuscire a essere gestiti in rete da gruppi capaci di portare grosso traffico sulle piattaforme.»

Di conseguenza, il porno ha cambiato forma. La scena di sesso oggi è una sorta di spot della durata standard di dieci minuti. Il consumo massiccio e gratuito di queste clip è la base di un nuovo modello economico che ha due obiettivi. Il primo: indurre almeno una piccola percentuale dei consumatori a sottoscrivere l'abbonamento premium. Il secondo: ricavare il massimo dalle pubblicità grazie al traffico sulle piattaforme. La gratuità permette, come sottolinea Salieri, di attrarre gli spettatori verso altri tipi di prodotti come il camming e il sexting a pagamento. Con questa offerta «freemium», i creator riescono a conquistare grande visibilità sugli aggregatori gratuiti, per poi monetizzarla fornendo prestazioni a pagamento.

Anche il sistema di produzione è cambiato,

frammentandosi. Oggi comprende imprese diverse, dai giganti della distribuzione che controllano le case di produzione, ai produttori «indipendenti». I colossi hanno esigenze di immagine precise, cercano legittimità e consenso, devono mostrare di rispettare le leggi e di tutelare le categorie più vulnerabili. Ma grazie alla loro posizione dominante dettano le regole del mercato del lavoro, imponendo una precarizzazione estrema. Le aziende più piccole lottano per sopravvivere in un contesto così competitivo.

L'industria moderna del porno, in sostanza, ha tutto per piacere al capitalismo iperliberista: produzione tecnologica, consumo globale di massa, concorrenza sfrenata ma concentrazione delle risorse nelle mani di poche grandi realtà, sfruttamento del lavoro, standardizzazione dei contenuti, massimizzazione dei profitti.

Fino alla prossima rivoluzione

Ormai troppo grande per passare inosservato, il business pornografico attira l'attenzione dei media e dei legislatori, a cominciare dagli Stati Uniti, ma in misura sempre maggiore anche nel resto del mondo. Nel mirino i casi di pedopornografia, di sfruttamento dei minori e di circonvenzione di persone vulnerabili. È un percorso appena avviato, che dovrebbe portare il settore in un quadro di legalità e di controllo. È importante sottolinearlo: questo lavoro di inquadramento giuridico non ha nulla a che vedere con la condanna morale o con la censura, al contrario. È una via per il riconoscimento del fenomeno e per la definizione normativa delle pratiche dell'industria: concorrenza, tutela dei lavoratori, garanzie per i consumatori. Chiaramente, si tratta di uno sforzo immane, data la vastità e la complessità del campo.

«È un problema gravissimo, il fatto che la pornografia sia accessibile praticamente a chiunque, anche ai più piccoli purché posseggano il telefonino» osserva Salieri. Oggi, si sa, anche i bambini sotto i sei anni si trovano spesso in mano un tablet. «La libertà di espressione deve essere un discorso legato al mondo degli adulti: quando si parla di minori è necessario intervenire e porre delle censure» dichiara il regista. La prima e fondamentale forma di tutela dovrebbe essere «mettere in rete solo ed esclusivamente siti a pagamento» dice. «Anche lì ovviamente potrebbero nascere dei problemi, ma la fruizione per i minori sarebbe molto limitata, perché per loro è complicato procurarsi una carta di credito.»

Quindi: siti pornografici con vetrine chiuse che si aprono per rivelare materiale esplicito solo a chi sceglie di abbonarsi. Qualche minorenne intraprendente, come accadeva anche con le sale cinematografiche, potrà comunque trovare il modo di entrare. Ma di certo non succederebbe, come ora, che capitino per caso su scene di sesso violento senza nemmeno cercarle, per esempio con un pop-up che compare inatteso nel mezzo dello schermo. Salieri è netto: «Si tratterebbe di sconfiggere un problema oggi diffusissimo, cioè il fatto che questi ragazzini o ragazzine hanno a che fare con prodotti pornografici spesso anche di infima qualità. Non tecnica, ma per il messaggio che offrono, soprattutto relativo alla violenza sulle donne o alla sottomissione in generale. Non sono sicuramente messaggi educativi e vanno fermati».

Una chiave importante, sottolinea, sarebbe una nuova alfabetizzazione: non solo alla pornografia, ma all'erotismo. I film di Salieri, nella versione censurata dalle scene hard, sono ospiti anche di festival tradizionali. Ma il suo lavoro, lo sa bene, è rivolto perlopiù a una minoranza dai gusti precisi. «Oggi c'è il sesso mordi e fuggi e poi ci sono registi che hanno un pubblico adulto, soprattutto composto da ultraquarantenni, che ancora amano l'emozione erotica. Erotismo che non esiste più per i giovani, non sanno neanche cosa sia» deplora. «Sono gli sguardi, le emozioni, le carezze, le percezioni di quello che poi si potrà arrivare a concludere con un uomo o con una donna. La pornografia è un atto esplicito. L'erotismo, invece, è un mondo di emozioni che oggi si è un po' perso.»

Ma riportare l'eros nelle vite dei giovani non sembra essere una priorità né per gli operatori, né per le istituzioni. E in realtà c'è anche chi pensa che questa abbondanza di hard a portata di clic non sia un problema, ma un'opportunità.

«Il porno ha salvato la salute mentale dell'essere umano»

Incontro Roberto D'Agostino nella sua bellissima casa di Roma, un luogo che definire originale sarebbe riduttivo: un trionfo dell'arte contemporanea degno di grandi collezionisti come lui e sua moglie Anna Federici. È anche un piccolo tempio dell'arte erotica, contro ogni perbenismo ipocrita: un'opera tra tutte, una Venere di Milo a cui è stato applicato un bel fallo eretto.

Che «Dago», uno degli opinionisti più influenti d'Italia, sia un estimatore della pornografia non è un mistero per nessuno: sul suo popolarissimo sito le notizie e le immagini hot sono un appuntamento serale quotidiano. *Dagospia*, oltre che un punto di riferimento per i retroscena di politica, economia e media, è un utile osservatorio sugli sviluppi del costume, compreso quello a luci rosse. Ma da dove nasce questo interesse?

«Nella seconda metà degli anni Settanta, sull'onda del successo globale di *Gola profonda*, ho a lungo collaborato come recensore di film hard a una rivista mensile diretta da Carlo Rocco, "XVideos"» racconta. Poi Roberto passa all'«Espresso» e come giornalista intreccia buoni rapporti con il gotha del porno italiano di allora, «tra cui Moana Pozzi, tanto che quando volle scrivere *La filosofia di Moana*, mi trasformai nel suo ghostwriter» ricorda. «Lavorammo per giorni alla stesura del libro a casa mia. La conoscevo da anni, da quando ancora non si era gettata sul porno ed era solo una ragazzona con un bel nasone: il bisturi arrivò dopo, rifacendola tutta.» Quel ruolo di ghostwriter doveva suscitare parecchia invidia, ma lui minimizza: anche al culmine del successo, dice, Moana non faceva per lui. «Non mi ha mai fatto perdere la testa, né tantomeno il testosterone. Per gli altri era l'immagine perfetta per le loro fantasie erotiche, con un volto stupendo da brava ragazza della buona borghesia genovese e un eloquio che rispettava sintassi e grammatica. Io, conoscendola bene, scoprii una donna con un'anima posseduta da una melanconia che sconfinava nella depressione. Del fare sesso non le importava assolutamente nulla. Il porno per lei era solo un "buco nero" per espiare i suoi demoni interiori.»

Moana era una delle stelle internazionali di prima grandezza che l'Italia esportava in quegli anni tra i Settanta e i Novanta, epoca d'oro hard anche da noi. Roberto, che sulla Capitale ha girato un film documentario di successo, *Roma santa e dannata*, ripercorre volentieri i «vecchi tempi»: «Alla fine degli anni Sessanta, mi capitò di incontrare a Roma uno snobbissimo e malmostoso Gore Vidal, uno dei miei idoli letterari. Curioso, gli chiesi: "Invece dei festini di Hollywood, dei postriboli di New York e dei localini di Londra, perché lei ha scelto di vivere a Largo Argentina, nella città di Dio, tempio del cristianesimo, una chiesa ogni cinque passi? Come mai tutti i gay più celebrati e famosi, da Tennessee Williams a Marlon Brando, ma anche Pasolini e Arbasino, si scapicollano a Roma?". E lui, secco come un cassetto chiuso con una ginocchiata, rispose: "Perché si scopa"». Era la Roma della Dolce Vita, in tutti i sensi: un mondo che ormai scintilla di una patina antica, velata di nostalgia. Un'epoca finita per sempre. Nei decenni passati da allora «la pornografia ha sovvertito nel bene e nel maiale il menù della nostra vita sessuale» asserisce D'Agostino, e lo ha fatto grazie soprattutto all'alleanza con le tecnologie. «La rivoluzione digitale deve ringraziare per la gran parte della sua globalizzazione l'industria del porno. È *Youporn*, mica la voglia di informazione, che ha spinto un pubblico di massa verso l'acquisto dei computer. È il porno che ha costantemente richiesto connessioni più veloci, maggiore ampiezza di banda.» Il nuovo mondo iperconnesso ha portato in tempi rapidi profondi cambiamenti culturali: «Perfino la severa Bbc si è fatta porno mandando in onda una serie, *Versailles*, sulla vita dissoluta di Luigi XIV che includeva sesso gay, un principe travestito, la regina Maria Teresa con una passione per i nani, il Re Sole con la testa affondata fra le gambe della sua amante.»

Su questa onnipresenza della pornografia, D'Agostino non ha un'opinione negativa, al contrario: la considera necessaria alla nostra vita. «I tre o quattro miliardi di persone che ogni giorno vanno online a guardare quei video licenziosi non sono assolutamente dei pervertiti. Con il porno la nostra immaginazione crea un mondo parallelo in cui viene sbandierata l'idea del sesso, più che il sesso. La fantasia è il centro di ogni autorealizzazione erotica, e va "viagrizzata" di immagini, comprese quelle più torbide. Come ironizzò Woody Allen, uno che se ne intende: "Il sesso è sporco? Solo se è fatto bene".» Secondo D'Agostino, insomma, stiamo parlando di uno strumento utile, come il fuoco, il coltello, ogni altra invenzione umana: un mezzo per raggiungere anche il fine della conoscenza. «Nei primi anni Sessanta, quando ho visto il primo porno, ho anche capito come dare erotismo al partner: come si lecca la fica, cos'è il clitoride, a cosa serve succhiare i capezzoli. Non avevo una famiglia o una società che mi indicassero le zone erogene della donna.»

E il punto, secondo me, è esattamente questo: oggi, sulle piattaforme hard, un adolescente non capirà nulla di tutto ciò. Assorbirà piuttosto violenza, razzismo, stereotipi negativi, un'immagine della donna avvilente e un'idea dell'atto sessuale ben poco corrispondente alla realtà. Salvo voler pensare che una tripla penetrazione anale provochi automaticamente nella partner un estremo godimento.

Inutile dire che Dago mi dà della bacchettona: online, sostiene, c'è tutto, anche i film dei registi più raffinati. Non si può giudicare sulla base dei video che compaiono sulle homepage dei grandi aggregatori. «Quasi tutti scambiano i trailer di sei minuti su *Pornhub* per il famigerato "cinema per adulti". In realtà, stanno solo godendosi degli *highlights* usati per sedurre gli utenti ad abbonarsi ai siti. Il film è un'altra cosa». E se gli spettatori, come accade nella maggior parte dei casi, si accontentano del trailer gratuito senza mai passare al film a pagamento? Meglio che niente, è la sua opinione. La mia è che sia meglio una sana educazione sessuale che includa e non demonizzi la pornografia, ma ne spieghi chiaramente i limiti, inclusi tutti i tranelli.

«Macché: il porno ha salvato la salute mentale dell'essere umano» protesta Roberto. «Sia la cultura orientale che quella occidentale hanno come fondamentali due libri di racconti licenziosi: *Le mille e una notte* e il *Decamerone*. Da sempre, in ogni dove, è umanamente quasi impossibile smettere di sognare il piacere.» È la mente che guida, dice, non il corpo. «Trafitti dall'ansia dell'imperfezione estetica e della prestazione inadeguata, spesso viviamo male la nostra sessualità. La pornografia è una vitamina che esalta il desiderio. La vera perversione è la routine, l'abbrutimento nel lavoro quotidiano. E allora, dall'antichità a oggi, si crea un mondo parallelo.»

Non è solo il tran tran quotidiano ad affossare il desiderio, spiega, ma anche una crisi di certezze e ruoli consolidati che ha radici profonde negli scorsi decenni. D'Agostino descrive infatti come «un buffo trauma per la vita sessuale di tanti maschietti» l'avvento degli anticoncezionali. «Nei primi anni Settanta, arrivò la pillola. E tutti stappammo lo champagne: "Possiamo finalmente scopare, basta strofinare il cazzo fra le cosce di lei, non ci tocca più quella botta di reni per evitare l'eiaculazione affinché non resti incinta". E invece cosa è successo ai maschi? Una tragedia.» Da duemila anni l'uomo era abituato a prendere l'iniziativa e la donna restava in passiva attesa, spiega. «All'improvviso, cambia tutto e ti trovi davanti una vispa signorina che fa: "Dai, tiralo fuori, ho voglia di scopare". *Cosa?* In quel momento finisce l'era dell'uomo che da duemila e passa anni menava la danza.» E in una vita quotidiana frenetica, tra insicurezze maschili e insoddisfazioni femminili, oggi più che mai «abbiamo bisogno di un additivo per sciogliere i lacci della fantasia e i lacciuoli dell'immaginario al nostro erotismo precipitato nella routine e nell'inerzia. Se i genitali rimangono sempre e comunque il nostro migliore strumento di conoscenza, la pornografia resta uno dei più sicuri veicoli di comunicazione».

Si tratta purtroppo di una comunicazione che veicola anche messaggi tossici, obietto: tra femminicidi e violenze, i segni di un deterioramento delle nostre relazioni sentimentali e sessuali ci sono tutti. Lui sostiene che è solo una questione di attenzione mediatica, ma i dati dicono il contrario. Certo, non può essere tutta colpa della pornografia, ma sono convinta che abbia una forte responsabilità. Dago la pensa in maniera opposta. «Oggi, a parte qualche fattaccio sbattuto in prima pagina dai giornali perché fa titolo, non c'è una deriva dei ragazzini verso il porno. Anzi, per loro, il sesso non è così sopravvalutato come dalle vecchie generazioni. Tra sesso e l'uscita di un nuovo telefonino, parlano del secondo.» E in ogni caso, spetta alle famiglie trasformare l'incontro con i video hard in una risorsa educativa. «A un adolescente che si incuriosisca davanti a certe immagini bisogna dire: "Guarda". Raccontargli cos'è il pene. Spiegargli che è diventato un simbolo di lussuria solo nel Settecento. Ma che invece è una cosa sacra, così come lo è la vagina, perché danno la vita. Un ragazzino deve sapere bene cos'ha tra le gambe.»

Sono d'accordissimo, ma la domanda è sempre la stessa: chi glielo spiega? «I genitori, glielo spiegano. Che si prendessero le proprie responsabilità» taglia corto lui. «Così come gli va insegnato a non buttare le cartacce per strada e a dire buongiorno e buonasera: l'educazione è qualcosa che dobbiamo trasmettere, sia chi ha figli sia chi non ne ha. E questo significa anche nutrire intellettualmente la funzione sessuale ed erotica.»

È un ragionamento molto colto, purtroppo nel mondo reale sono in tanti a buttare le cartacce per strada. E a sviluppare grazie alla pornografia un'idea di sessualità che non ha nulla a che vedere con i libertini del Settecento. Roberto mi congeda con una citazione inappuntabile: «John Giorno, poeta beat americano, è l'autore della più bella poesia sul sesso: "Nessun cazzo è duro come la vita"».

Un motto che sembra scritto apposta per chi, ogni giorno, alimenta il mercato hard: gli attori e, soprattutto, le attrici.

3

Sex workers

Sex sells, come recita il famoso slogan di Madison Avenue, la grande arteria delle agenzie pubblicitarie a New York. Il sesso vende. E, aggiungerei, il sesso paga. Paga le fatture e quindi i mutui, gli affitti, la scuola dei figli e la spesa al supermercato. È un lavoro e come tale va retribuito.

Nel mondo esiste una vasta comunità dedita alla produzione di film hard, la cui sopravvivenza dipende dalla prosperità del settore. Conta centinaia di migliaia di persone. Ha i suoi codici, i suoi interessi, le sue battaglie culturali e sociali, le sue celebrità, le sue vittime e i suoi predatori.

Come abbiamo visto, con l'avvento delle nuove tecnologie siamo passati dal panorama quasi artigianale dei lungometraggi degli anni Settanta e Ottanta a quello industriale degli anni Duemila. L'ultima metamorfosi è arrivata durante la pandemia di Covid-19, con l'esplosione di siti come *OnlyFans*, che connette direttamente lavoratori del sesso e clienti paganti. È il Santo Graal del capitalismo iperliberista, l'atomizzazione massima anche del settore produttivo, su un mercato vasto come il mondo. E sfrutta una materia prima fondamentale: i corpi e la loro intimità.

Il popolo del porno

È difficile quantificare il numero degli attori, protagonisti di lunghe carriere o di brevi exploit. Qualche cifra dà però la misura del fenomeno: una banca dati americana attendibile, *Internet Adult Film Database*, censisce nel 2024 218.000 attori, attrici e registi nei soli Stati Uniti, Paese leader. Il censimento parte dal 1999 e viene regolarmente aggiornato.

La più grande piattaforma online per i video hard, *XVideos*, propone oltre 42.000 tra attori, attrici, modelle e *cam girls*. *Pornhub* offre più di 66.000 pornostar, maschi e femmine, tra i quali alcuni hentai, i film di animazione a luci rosse. Il terzo aggregatore sul podio dei più seguiti, *XNXX*, dispone di oltre 54.300 artisti, di ogni genere. Evidentemente, in molti casi si tratta delle stesse persone, impegnate su vari siti. D'altra parte, bisogna aggiungere i giovani che caricano le loro proposte hard anche su piattaforme meno note.

In un assolato mezzogiorno d'inverno, a Roma, incontro una delle professioniste italiane più conosciute, sulla scena dal 2005 con lo pseudonimo di Roberta Gemma. Protagonista di spettacoli di strip-tease, decine di film, una web-serie e diversi calendari, a quarantatré anni e con quasi venti di carriera è una delle star più longeve di questo settore percorso soprattutto da meteore. Maglioncino grigio a collo alto, lunghi capelli castani e un trucco marcato, mi rivolge un saluto solare e mi presenta il suo inseparabile marito e agente, Roberto Giulianelli: stanno insieme da quando lei aveva sedici anni. Anche sul set.

Roberta non ha dubbi sul suo ruolo e sul suo valore. Quando le chiedo di definire il suo mestiere risponde decisa: «Sono un'attrice di film per adulti. So quello che faccio, so con chi sto, e a oggi ho vinto otto premi importanti, otto Oscar del porno, potremmo dire». Wikipedia di premi ne elenca addirittura dieci, compreso Miss Maglietta Bagnata 2008. Una carriera di tutto rispetto. Com'è arrivata la giovane Floriana, nata nella provincia laziale, a diventare Roberta Gemma, star internazionale?

«Lavoravo in un'impresa di pulizie, poi ho fatto anche la parrucchiera. Lui era nella manutenzione in Alitalia» racconta accennando al marito. L'occasione per cambiare vita è stata un concorso indetto nel 2003 dal portale *Clarence*, per ragazze che volessero partecipare al calendario della rivista «Max». Roberto si diletta nella fotografia, il corpo di sua moglie – con una sesta naturale di seno e proporzioni invidiabili – è perfetto per gli scatti di nudo, ed ecco che tra le varie contendenti risulta subito tra le più votate. «Lì per lì abbiamo detto: "Vabbè, è un gioco"» ricorda lui. «Poi però, quando vedi che la gente ti vota, ti vuole, allora cominci a crederci.» Qualche remora, si intende, c'è stata, tra genitori sconcertati e amici che si davano di gomito: «Ma la tua ragazza si mostra nuda?». I due, però, hanno deciso di andare avanti sulla strada a luci rosse. E presto sono cominciate ad arrivare le offerte, gli inviti a cimentarsi in una vera e propria produzione hard. «Pensa che mia madre il primo film lo ha voluto pure vedere» ride Roberta. «Che imbarazzo, quando mi ha chiamato» aggiunge suo marito. Avevano però la giustificazione perfetta: stavano solo facendo sesso coniugale. Già, perché il regista, di fronte a quella splendida ragazza indecisa al grande passo, ha avuto la prontezza di offrire il ruolo del partner proprio a suo marito. Con una certa furbizia, secondo lui. «Pensavano: noi li portiamo sul set, poi ormai che siamo lì – si girava ai Caraibi – se lui fa cilecca facciamo entrare qualcun altro. E se invece lui funziona tanto meglio, abbiamo un attore nuovo» spiega Roberto. «E io ho funzionato» conclude con una certa fierezza.

Nonostante questo iniziale binario parallelo, la carriera che decolla è quella di lei, e la coppia comincia a viaggiare per il mondo. Due film all'anno, non di più, e sempre produzioni impegnative: «Magari giravamo a Budapest la parte di commedia, poi volavamo ai Caraibi per fare la scena hard, poi si tornava in Italia per aggiungere un altro contenuto» racconta Roberta. «La scena hard andava girata in tre versioni: una soft per i canali in chiaro, una esplicita, e poi le stesse posizioni con il preservativo.» Erano prodotti costosi, pensati per pubblici diversi in un mercato internazionale. Ormai, quel modello è definitivamente tramontato, conferma Roberto: «Lei, con un film, partecipava ai grandi festival, faceva i red carpet, riceveva premi, veniva riconosciuta come una star. Oggi tutto questo è andato perso: c'è un'inflazione di offerta, come in altri settori, che porta a una perdita di qualità e di guadagni».

Punto dolente, i guadagni. Anche se nessuno dei due è disposto a fornire delle cifre precise, Roberto dà qualche indicazione: «Una volta, con un film ti compravi un appartamento» garantisce. «Oggi si girano solo scene, ne devi fare trenta al mese per avere un buon guadagno. E dopo una cosa del genere sei finita fisicamente e inflazionata come immagine. Non è lavoro, è sfruttamento.»

«Non è lavoro»: sottoporre il proprio corpo a penetrazioni multiple a pagamento, ogni giorno, senza pause non può essere considerato un mestiere ordinario. E continua a sembrarmi strano che non ci si trovi nulla di strano. «Certo, non è come fare l'amore.» Roberta scuote il capo. «Ma non è neanche come prostituirmi forzatamente. Senza discriminazione, perché ognuno del suo corpo può fare ciò che vuole, ma un conto è una escort, un conto è un'attrice: io, se lo faccio, è perché per me va bene recitare quella parte.» La sua teoria è che un'attrice porno sia semplicemente un'artista che si immerge nel copione. «Io quando faccio la scena ci entro con tutto il corpo, con la mente e pure con le smorfie del viso, perché comunque devo piacere e devo piacermi. Devo trasmettere» spiega. Al contrario dei tradizionali set affollati di tecnici, attori, comparse, professionisti vari, lei vuole essere sola nella stanza con i partner e la telecamera. Unica presenza concessa oltre all'operatore è quella di suo marito, obbligatoria: «C'è questo feeling tra me e lui, mi dà sicurezza, magari con uno sguardo mi indica che devo tirare in dentro la pancia, o mi fa notare qualcos'altro a cui non avevo pensato… Lui ci deve essere sempre».

Un uomo che suggerisce a sua moglie come apparire al meglio mentre fa sesso con un altro uomo a favore di telecamera. Davvero può essere una situazione senza conseguenze, in un rapporto di coppia? Rispondono che questa avventura li ha uniti più che mai. Certo sono stati bravi a scegliere, a evitare le situazioni scabrose, a non inflazionarsi. Ma obietto che tra il quadro idilliaco che compongono dell'ambiente che frequentano loro – professionale, ben pagato, con misure sanitarie impeccabili – e le condizioni generali del settore c'è qualche differenza.

È vero, ammette Roberto: la fame di scene hard delle nuove piattaforme ha creato realtà assai più discutibili rispetto alla loro. «Le case di produzione devono sfornare più materiale possibile, perché in rete bisogna mettere sempre cose nuove. Quindi queste ragazze senz'arte né parte, che entrano nel mondo del porno per racimolare quattro soldi, si trovano proprio in una catena di montaggio: "Chi c'è oggi? Tu? Ok, dobbiamo realizzare una scena con tre uomini di colore".» E ciak, si gira. «Per avere tutto a disposizione hanno creato strutture apposta. Per esempio, a Praga, una delle città d'Europa dove oggi si produce di più, c'è un palazzone con un piano di uffici, uno con i dormitori delle ragazze, un altro per i ragazzi e poi i set dove ogni giorno si lavora.» Una sorta di *Grande Fratello* in versione hard, in cui si sta sempre insieme e spesso in video. «Per queste ragazze che fanno una scena la mattina e un'altra al pomeriggio, ogni giorno, senza sosta, effettivamente diventa una sofferenza fisica e psichica» conferma Roberto. Quello di sua moglie invece è il mestiere ideale: «Fa un film all'anno, accetta il copione con una bella trama erotica intrigante, lo sforzo fisico è molto relativo».

Spesso, dei film, sono anche i produttori, perché dal 2012 si sono messi in proprio, come in quel periodo hanno fatto tanti attori con un buon seguito: «Il settore si era inflazionato. Pagavano poco. A quel punto abbiamo detto: "Perché dare perle ai porci?"». L'unico regista con cui Roberta lavora al di fuori delle proprie produzioni è Mario Salieri: con lui ha girato nel 2017 una versione porno della *Ciociara*, molto contestata, e svariate altre pellicole, e lo considera una garanzia di qualità. Per il resto, ormai l'ambiente hard è una giungla dopo l'avvento dei social. «Chiunque lo usa per fare vetrina, poi si vendono su una piattaforma: è diventato tutto un porcaio» deplora Roberta. Secondo la coppia, l'unico argine all'invasione del porno scadente online è «che tutto ciò che è vietato ai minori di diciotto anni sia a pagamento. Gratis, invece, solo ciò che è educativo». Aggiunge Roberto: «Secondo me è giusto dare anche ai giovani un'offerta di pornografia più equilibrata, senza violenza, in modo che non se la vadano a cercare altrove. Tanto la cercano, è inevitabile, e non sanno nemmeno che video vanno ad aprire».

Aprono le porte di un brutto mondo, in cui la violenza compare eccome. «Io se dovessi cominciare oggi non entrerei mai in questo ambiente, mai» afferma sicura Roberta. E anche con la sua posizione di privilegio, è decisa a uscirne: «Abbiamo annunciato che tra un anno smetto di esibirmi dal vivo». Avrà quarantaquattro anni, con venti di carriera. Che pensionata sarà, Roberta Gemma? Per il momento, l'unica idea è di godersi la casa e i gatti, ma io le auguro un impegno nell'educazione. Magari sulla scorta del programma di successo con Elena Di Cioccio *La Mala Educaxxxion*, del 2011, su La7d, in cui fece furore in veste di esperta di sesso e piacere. Credo che la sua esperienza sarebbe utile a molte ragazze che oggi si illudono di poter costruire un futuro con la vendita – o la svendita – del proprio corpo.

Perché scegliere una carriera hard?

Come per molti mestieri, si entra nel mondo del porno con la speranza di fare soldi. Anche in questo caso, non è facile reperire cifre e informazioni attendibili: il minimo che si possa dire è che il settore manca di trasparenza. Sulla rivista scientifica «International Journal of Sexual Health» trovo i risultati di uno studio condotto in California una decina di anni fa, che si concentra su attrici debitamente registrate presso un centro di controllo sanitario. Sono donne impiegate in modo continuativo nella produzione di film a luci rosse, cui è stato chiesto di indicare uno o più motivi per la loro scelta di carriera. Il 53 per cento delle intervistate dice di farlo per soldi, il 27 è motivato proprio dal sesso, e un 16 per cento introspettivo cita il bisogno di attenzioni. Infine, un 11 per cento godereccio sostiene di esibirsi davanti alle telecamere «per divertimento».

Si ripropongono qui gli stessi temi di ogni altro ambito professionale: trovare un impiego, mantenerlo, farsi pagare adeguatamente, affrontare la fatica e lo stress. Di certo, però, questo è un lavoro che più di altri investe la sfera più intima, quindi non possiamo definirlo «*business as usual*».

Stando alle cifre che circolano sulla stampa e nelle ricerche specialistiche, un'attrice porno può guadagnare dai 300 ai 3.000 dollari a scena. Dipende ovviamente dalla sua notorietà e dal suo potere negoziale rispetto alla produzione. Ma anche da cosa è disposta a fare davanti alla telecamera.

Secondo la stima di Mario Salieri, «a grandi linee una ragazza che lavora nell'industria pornografica non porta mai a casa meno di 7-8.000 euro al mese».

Ma si può fare di meglio: «Una pornostar europea che abbia buone capacità manageriali, quindi che riesca a gestirsi bene su *OnlyFans* e che giri anche nel circuito delle produzioni internazionali, può tranquillamente guadagnare intorno ai 250-280.000 euro all'anno». Poi ci sono i grandi fenomeni generati soprattutto dai social, che sono una minoranza. E infine, «parecchie pornostar di oggi si creano un nome nel settore per andare poi sulle piattaforme di escort, dove hanno un loro mercato specifico».

In un'intervista rilasciata al magazine «Vice» nel dicembre del 2019, la star italiana Valentina Nappi sosteneva di guadagnare 1.200 dollari «per una scena etero semplice». Ma aggiungeva: «È assurdo che la gente pensi che gli attori porno siano ricchi. Forse questa concezione errata è dovuta alla visibilità: probabilmente siamo la categoria che a parità di popolarità monetizza di meno. Io ho un milione e mezzo di follower su *Instagram*, ma i miei guadagni non si avvicinano nemmeno lontanamente a quelli di un influencer con lo stesso pubblico». Se è così, tutto dipende dalla capacità di accumulare scene per arrivare a una retribuzione annuale adeguata: quante se ne possono girare? «Diciamo che un'attrice raggiunge il picco di richiesta nel periodo che va dai ventidue ai ventisei anni – anche se moltissime durano soltanto qualche mese – e in quel periodo fa una media di cento scene l'anno» risponde Nappi.

E gli uomini? Per loro, a quanto pare, almeno in questo campo i salari sono più bassi. Un altro dei grandi nomi del porno italiano, Luca Ferrero, nel 2020 ha raccontato a *Dagospia*: «Il cachet per un attore uomo qui supera difficilmente i 500 euro a scena, e quasi sempre è inferiore. Solo se ti sei affermato nel settore con anni di lavoro puoi chiedere di più. Il problema del mercato europeo è che è sommerso da nuovi attori che pur di lavorare sono disposti a farsi pagare veramente poco».

Ferrero, quarantaseienne, osserva con rimpianto, che sono lontani i tempi in cui la produzione italiana aveva un ruolo di rilievo. Finita l'epoca delle trame, delle sceneggiature, dei costumi, in cui eccellevano registi come Mario Salieri. Oggi, anche a talenti come Ferrero vengono richieste principalmente scene di «gonzo», sesso brutale completamente privo di narrazione o dialoghi. Alla domanda su quale sia stata la sua impresa più bizzarra risponde: «Bizzarra? Che intendi? Per me è quotidianità girare gang bang, pissing, anali e vaginali doppi ed estremi! Ti dico però che un vero spasso sono state le scene-party in discoteca, con trenta attori e trenta attrici, tutti amici professionisti, a scopare, per ore, in orge!». A quanto pare, i bei tempi non sono ancora del tutto tramontati.

Va ricordato che chi voglia monetizzare al massimo deve anche conquistare popolarità in rete. Occorre costruire una presenza regolare sui principali siti e social, ingrossare i ranghi dei fan producendo contenuti che possano rispondere al meglio alle loro fantasie e desideri. Insomma, l'illusione dei soldi facili è una trappola per neofiti. Per una star che raggiungerà vette di eccellenza e di guadagno, molte altre lavoreranno per un salario da fame. In compenso i rischi abbondano per tutti: quelli per la salute fisica e mentale, per la difficoltà di riciclarsi in un altro ambito, per le speranze infrante e, a volte, per lo stigma sociale che anche un rapido passaggio nel mondo a luci rosse può lasciarti appiccicato per il resto della vita.

Un documentario di Netflix, *Hot Girls Wanted*, segue il percorso di cinque ragazze americane decise a gettarsi anima e corpo nell'odierna scena pornografica, affamata di contenuti per nutrire l'insaziabile appetito delle piattaforme. Ai loro occhi, la catena di montaggio che produce a ciclo continuo brevi video da dieci minuti sembra un Eldorado. Le ragazze sono a stento maggiorenni, di famiglia modesta, non hanno prospettive né nello studio né nel lavoro e sognano di sfuggire alla noia della provincia. Rispondono a un annuncio che dà il titolo al documentario, «*Hot Girls Wanted*», letto nella sezione per adulti di una pubblicazione online, e che contiene una promessa: un biglietto aereo gratuito per Miami e un eccitante futuro nel mondo del porno.

Perché la Florida? Perché nel 2012 lo Stato della California, storico centro della produzione hard, aveva reso obbligatorio il preservativo nelle scene di sesso, ma la Florida no. Così, gli agenti e gli studios si erano trasferiti a Miami, e per un certo periodo la città era diventata uno specchietto per le allodole per migliaia di ragazzi e ragazze in cerca di fama e fortuna.

Il documentario non fa la morale, ma racconta le violenze, le umiliazioni e anche i debiti. I soldi arrivano subito, 800 dollari a scena – un minimo di cinque alla settimana – ma finiscono in fretta una volta pagato l'agente e poi l'affitto, le spese mediche e i vari costi della vita quotidiana. Anche la sensualità e il «divertimento» si esauriscono rapidamente.

Non c'è voyeurismo nel film, le riprese a cui partecipano le protagoniste non vengono mostrate, ma il loro silenzio sul piacere, la soddisfazione e il consenso la dice lunga. E il sogno dell'emancipazione, che le ha spinte fin lì, si trasforma in un incubo. A una a una, abbandonano il mondo hard, che si è così ben meritato il suo nome. Un universo duro, crudo, che richiede notevole resistenza fisica e psichica per chi voglia abitarlo davvero.

Come debuttare senza farsi male

La realtà del porno viene descritta in un documento molto interessante messo online da un'agenzia di scouting di Los Angeles, la *Sweet Release Agency*, che ogni giorno riceve un profluvio di messaggi e telefonate di giovani desiderosi di entrare nel settore. Fornisce quindi una sorta di vademecum per aiutare le aspiranti pornostar a evitare almeno le trappole più comuni, e capire se davvero sono fatte per quella vita.

«Ti interessa una carriera nei film per adulti?» è la domanda. «Se hai risposto SÌ... preparati per uno dei mestieri più competitivi e meglio pagati nell'industria per adulti: perché l'industria del porno fattura miliardi di dollari l'anno.» Un inizio allettante, a cui segue però un avvertimento: non è tutto rose e fiori. E bisogna spogliarsi, tra le altre cose, anche dei sogni di gloria facile e rapida: «Spesso ai performer servono anni per raggiungere la notorietà che cercavano dall'inizio».

Ci sono alcuni principi fondamentali: «Non stai facendo sesso per divertirti. Stai facendo sesso perché è il tuo lavoro»; «Intimità e spontaneità non esistono. C'è una regia»; «Tenere in piedi una relazione sentimentale per un performer di film per adulti è MOLTO DIFFICILE»; «Una volta che ti presenti al pubblico, sarà assai arduo mantenere segreta la tua carriera»; «Preparati a essere guardato in modo diverso, quando la gente lo scopre»; «I guadagni variano da studio a studio, con una media di 800 dollari a scena»; «Più rischiosi e audaci sono i film, più ti pagano». E per chi non si fosse ancora scoraggiato, un ultimo avvertimento: «Ricorda che solo una manciata di persone, su migliaia e migliaia, diventano star».

Dopo questa introduzione, l'agenzia insiste sull'importanza del primo passo, ovvero l'audizione. Si richiede innanzitutto un dossier, con foto in costume adamitico oltre ad analisi cliniche recenti per provare di non avere malattie sessualmente trasmissibili, soprattutto l'Aids (che ha devastato il mondo hard, quando ancora non venivano adottate rigorose misure di controllo). Prima del casting, due ultimi consigli: «Chiarisciti cosa accetterai di fare davanti alla telecamera, e cosa no» e «Non usare mai il tuo nome vero. Prendi in considerazione un nome d'arte».

Fissato l'appuntamento, avverte l'agenzia, bisogna muoversi con prudenza. Meglio farsi sempre accompagnare, per evitare le false audizioni (un grande classico del porno online, che ha dato vita a serie come *Fake Castings* e *Fake Agents*). E ovviamente bisognerà girare una scena hard. Su questo momento clou, di certo un po' particolare, la guida se la cava con poche parole: «Aspettati di doverti esibire davanti a una telecamera, è molto raro che ci si limiti alle fotografie».

L'aspirante star dovrà dimostrare di avere il *physique du rôle* e i talenti richiesti per riuscire nel mestiere. *Sweet Release* non si dilunga su cosa accade in questo video di casting, anzi, non ne parla proprio: salta direttamente al passaggio finale, cioè scegliere un agente o uno studio che possa aiutare a dispiegare tutto il proprio potenziale. Ultime raccomandazioni: «Sii sempre cortese e professionale sul set» e «Cura l'igiene e sii sempre pronta per la telecamera (capelli, trucco, abiti, denti, deodorante)».

Descritto così, sembra un mondo di quasi asettico professionismo. Lo stesso che racconta Mario Salieri: «C'è un controllo sanitario molto importante nella nostra industria. È assai più sicuro consumare un rapporto sessuale sul set di un film pornografico, che farlo in una discoteca con una sconosciuta». E le sue parole suonano rassicuranti per le aspiranti star. «Le donne gestiscono e scelgono: ciò che accade davanti alla telecamera è fiction. Posso garantire che nell'industria della pornografia la donna gode del massimo rispetto.» Immagine idilliaca, che forse vale per produzioni come le sue, ma certo non per l'intero settore.

Scelta o necessità?

«Il sesso, nella pornografia, non si fa per stare bene» spiega la star Queenie Sateen in un'intervista al magazine principale del settore, «XBiz», a luglio del 2023. «Si fa per mostrarsi al meglio e far vedere chiaramente la penetrazione.» Nell'articolo si racconta che la giovane donna, dopo aver tentato la fortuna nel mondo della musica, ha girato in un anno oltre sessanta film: una bella impresa per un astro nascente. «Volevo fare qualcosa per dare una svolta alla mia vita» spiega lei. «Entrare nel mondo del porno mi è sembrata la strada giusta. All'epoca non avevo idea che mi sarebbe piaciuto così tanto. Alla fine ho scoperto una vera passione per questa attività.» E ancora: «Credo di avere imparato moltissimo. Ho il privilegio di lavorare con tanti veterani e voglio ringraziarli per ogni cosa che ho appreso. La gente non si rende conto che il sesso fatto per la telecamera non è come quello normale. È uno spettacolo, come il balletto. Una questione di coreografia». Occorrono quindi, sottolinea, competenza tecnica e presenza scenica, ma a suo parere bisogna anche divertirsi.

Vicki Chase ha trentanove anni, è una pornostar dal 2010 ed è ancora sulla cresta dell'onda. *Vicki Chase è ancora qui, va alla grande e promuove un nuovissimo showcase di alto livello: Vicki Chase Ninfómana* scrive «XBiz» a maggio del 2023. *Ninfómana*: un titolo, una garanzia. Lei è protagonista di quasi settecento film, con una preferenza per le scene affollate: nel 2014, ha lasciato il segno con il suo *V for Vicki* in cui soddisfa le voglie di una intera squadra di pompieri grazie alle sue prodezze orali. Quello che si chiama una «blow bang», di cui l'attrice spiega in breve il principio narrativo: «In pratica, vado a fuoco e loro devono spegnermi!». Aveva ventiquattro anni quando è entrata nel mondo a luci rosse, lasciando un impiego da cassiera in banca, su consiglio di un amico. E non ha rimpianti: «È il lavoro migliore che io abbia mai avuto» afferma. «Così fantastico che non posso credere di essere pagata per farlo!» Si definisce molto curiosa e sostiene che il porno è stata una forma di «istruzione». «Mi ha sempre interessato esplorare la mia sessualità con partner diversi. Non l'ho mai considerato un fatto negativo, anche se una volta mi sembrava qualcosa di cui vergognarmi.» Per girare *Ninfómana*, Vicki ha spinto i limiti della sua «esplorazione» ancora più in là, con una scena in cui si accoppia con tutti i protagonisti maschili del film. «Una blow bang che si è trasformata in gang bang, con tutti i ragazzi» si vanta. «Sette maschi!»

Sfogliando «XBiz» online, si scoprono decine di ritratti e di interviste con attori e specialmente con attrici, quelle che davvero fanno girare la macchina del porno. Le storie si somigliano e presentano l'industria a luci rosse come un fattore di liberazione. Tutte, che abbiano un anno di esperienza o venti, sostengono di perseguire con il massimo entusiasmo la scoperta delle proprie fantasie e dei propri desideri.

Prendiamo Angel Youngs, ventenne di Austin, Texas. Di umili origini, ha avuto un'adolescenza difficile, in una famiglia che faticava a gestire il suo temperamento ribelle. Poco portata per gli studi, era ancora teenager quando ha cominciato a cimentarsi con i balletti hard e lo strip-tease, e ad avere una vita sessuale molto attiva. Ma la svolta è arrivata a Los Angeles: qui ha potuto esprimere al massimo i suoi talenti e sfoggiare il suo fisico perfetto. Scrive «XBiz»: «Youngs è stata catapultata immediatamente ai livelli più alti». Il racconto si fa quasi commovente: «I suoi occhi cristallini si illuminano quando dice che vuole diventare famosa per la sua "energia" e che è ansiosa di lanciare uno showcase di doppia penetrazione. "Il mio agente mi dice di aspettare" rivela la giovane star impaziente. "Forse lo farò l'anno prossimo, ma continuo a ripetermi: come posso realizzare un capolavoro assoluto, diverso da quello che chiunque ha fatto finora?"».

«Trovate un lavoro normale»

Charlotte Stokely, una bella bionda trentottenne, ha una lunga esperienza, avendo debuttato nel 2005, e ha vinto numerosi premi. Ha girato molti film porno lesbici e prosegue la sua carriera, come altre colleghe, sui social e in particolare su *OnlyFans*. Nella conversazione con «XBiz» sprizza gioia di vivere e inneggia alla positività del sesso, come professione e come passatempo preferito. «Voglio svegliarmi ogni giorno con un sorriso sul volto e la gioia nel cuore» spiega. «E progetto di fare sesso con un sacco di donne supersexy in tutto il mondo!» Ma è un'altra delle sue attività a colpirmi in modo particolare: nel 2022 entra nel consiglio d'amministrazione di una organizzazione non governativa che si chiama *The Cupcake Girls*. La mission di questa Ong è assistere le professioniste del cinema pornografico e combattere ogni forma di coercizione nell'industria. Segno che questo problema esiste, ed è tanto sentito da spingere chi lo vive a prendere in mano la situazione.

Charlotte sogna un mondo in cui «le lavoratrici del sesso siano al sicuro e padrone del loro destino, e non esista più la tratta, il traffico di donne».

Idea condivisibile, ma come viene messa in pratica? Fornendo un sostegno «emotivo, spirituale e fisico», oltre a consigli legali, finanziari e medici. L'iniziativa ha ormai dieci anni: le *Cupcake Girls* prendono atto di un fenomeno che è parte integrante della nostra società e non tentano né di ghettizzarlo né di ignorarlo. Piuttosto, le donne vengono accompagnate lungo il loro percorso professionale, nel tentativo di minimizzare i rischi, evitare lo sfruttamento e proteggere le più vulnerabili.

Per Luci Power, australiana residente negli Usa che nel profilo social si definisce milf, il sesso a pagamento non è stato una scelta, ma una necessità: un matrimonio finito, l'affitto da pagare, i figli da mantenere. Su consiglio di un'amica, non senza incertezze, Luci fa qualche tentativo come escort. «Nella prima settimana ho guadagnato 3.000 dollari, per me erano un sacco di soldi, e finalmente mi sono sentita al sicuro.» Non dice chiaramente se questo sia diventato poi il suo mestiere, ma riferisce che ha deciso anche di esibire il suo corpo palestrato, di cui è molto fiera, sui social come *OnlyFans* e *ManyVids*. Dove, alla fine, i figli hanno scoperto tutto.

Si è aperto un confronto non facile, ma Luci è fiduciosa che il loro rapporto sia abbastanza solido da sopportare anche questa verità. Quanto agli adulti della sua famiglia, sono al corrente e solidali, pensano che la sua attività sia *cool*. Tuttavia bisogna stare sempre all'erta, e Luci ha creato un sito web per evitare alle altre di ripetere le sue «brutte esperienze».

«Le mie figlie crescono e sono super consapevole che potrebbe capitare anche a loro» dice. Non necessariamente di entrare nel porno ma di subire «manipolazione, sfruttamento e comportamenti pericolosi».

Harmony Dust Grillo, un'ex veterana, descrive situazioni in cui le giovani donne si trovano a mettere in scena atti sessuali che nulla hanno a che vedere né con il loro piacere né tantomeno con la loro emancipazione. «In un certo senso, è come se la mia storia di abusi e stupri mi avesse preparata all'industria del sesso, perché lì essere oggettificata era la norma e quindi il contesto mi era familiare» racconta. «Essere un oggetto sessuale è un requisito in questo settore.» Harmony è diventata un'attivista che si batte contro quello che considera il male peggiore: lo sfruttamento del corpo femminile. Della stessa opinione, lo abbiamo visto, è una star entrata nel mito, Linda Lovelace, la protagonista del film di culto *Gola profonda*. «Ogni volta che qualcuno vede quel film, mi guardano mentre vengo stuprata» ha affermato. Stessa disillusione per la vedette di *Dietro la porta verde*, Marilyn Chambers. Oltre trent'anni dopo, in un'intervista del 2004, diceva alle ragazze tentate dalla sua stessa carriera: «Assolutamente non fatelo! Vi spezza il cuore. Vi lascia svuotate. Trovate un lavoro normale e non mollatelo».

Quale campana bisogna ascoltare? L'entusiasmo delle artiste al culmine della loro gloria, o la disillusione delle vecchie star che ricordano esperienze di violenza e umiliazione?

Mestiere, schiavitù o trappola?

Il concetto di sfruttamento non è appannaggio esclusivo del settore pornografico, tutt'altro. In tutto il mondo del lavoro si possono ritrovare logiche analoghe: la sottomissione a gerarchie di potere, i rischi professionali, la dittatura del profitto e nei casi peggiori la disumanizzazione e forme prossime alla schiavitù. Ma nel cinema hard dell'era di internet, lo sfruttamento è particolare. I pilastri del libero mercato, domanda e offerta, in questo caso sostengono infatti un fenomeno colossale che è la pornificazione delle nostre società. Il porno – e si badi bene, non la sessualità – è ovunque.

Ma allora perché non se ne parla?

Dei fenomeni più impattanti sulle nostre economie ragioniamo di continuo. Dall'esplosione del settore del food all'avanzata delle tecnologie, su tutto ciò che racconta cosa siamo diventati e come viviamo fervono i dibattiti. Osserviamo la dialettica tra lavoro e capitale, ci preoccupiamo delle sue distorsioni, analizziamo i mutamenti culturali.

Cosa che non facciamo con il porno.

Ma se un adolescente, maschio o femmina, mette online il proprio corpo nudo, non sta compiendo un gesto privato: sta entrando in un circuito economico. Tanto peggio se lo fa a titolo gratuito: perché tra le cinquanta sfumature di sfruttamento possibili, sta scegliendo la più sfavorevole, quella di chi offre qualcosa senza ricevere niente in cambio. In pratica fornisce immagini del suo corpo, gratis, a chi poi le monetizzerà eccome.

Agli stessi ragazzi non verrebbe mai in mente di andare a friggere patatine in un fast food senza salario. Perché proporsi come merce priva di valore a una multinazionale? Semplice: grazie a una campagna di distrazione di massa. Comportamenti dalle pesanti implicazioni sociali ed economiche vengono presentati come gesti innocenti e puro divertimento. È una trappola, e se loro sono troppo inesperti per notarla sarebbe nostro dovere metterli in guardia. Eppure non lo facciamo.

Nell'aprile del 2023 gli studenti del liceo Alfieri di Torino hanno invitato il pornodivo trentunenne Max Felicitas a tenere un dibattito a scuola durante l'autogestione assieme ad altri due professionisti, la sessuologa Nada Loffredi e l'avvocato Lorenzo Puglisi. L'attore non ha usato mezze misure nel condannare l'ambiente di cui è un protagonista: «Non consiglierei a nessuno di entrare nel mondo della pornografia. Da fuori sembra tutto successo e soldi, ma a farcela sono in pochi. E, soprattutto, sono enormi i danni sociali che ti causa, sia a livello di rapporti umani sia sul piano lavorativo». Ha fornito consigli pratici di grande buonsenso: «Non voglio fare l'ipocrita e dirvi di non mandare foto intime ai vostri partner, ma non riprendetevi mai in volto. E informatevi attraverso i siti degli ospedali sulle malattie sessualmente trasmissibili». Risultato? Ragazzi contenti e informati, ma professori in rivolta e la preside travolta dalla bufera per aver autorizzato quell'intervento decisamente fuori dal comune, ma necessario. È evidente che i giovani sentono un bisogno d'informazione sull'argomento della pornografia che gli adulti costantemente disattendono.

Quale altro fenomeno così pervasivo nella loro vita viene così poco discusso? Servirebbe una sorta di «orientamento professionale»: perché purtroppo questo è uno dei pochi mestieri di cui possono ritrovarsi protagonisti per leggerezza, per caso, o persino contro la loro volontà. E ben pochi conoscono a fondo i «datori di lavoro»: le mega piattaforme del porno, un vero e proprio impero, con vaste zone d'ombra.

4

I segreti della porn economy

Chi sono, oggi, i signori del porno? Secondo le analisi più accreditate, i tre principali siti ricevono circa sei miliardi di visite al mese, con 110 miliardi di video visualizzati ogni anno. Un quarto delle ricerche su *Google* ha a che fare con contenuti pornografici. Se vi divertite a digitare qualche parola chiave sul motore di ricerca, usando la lingua franca che è l'inglese, troverete oltre 12,2 miliardi di risultati per «*sex*» e 6,7 miliardi per «*porn*», che batte molte altre parole tra cui «*God*» (5,8 miliardi).

Il campo è vasto e variegato: l'industria pornografica include ancora le riviste cartacee, una fiorente produzione di *sex toys* e accessori vari, per tacere delle pozioni magiche, destinate soprattutto agli uomini, in grado – stando ai moderni stregoni – di aumentare resistenza, durata, potenza e di sedare l'ansia universale per le dimensioni. Però, il grosso della torta restano le immagini. Secondo il centro studi *Maximize Market Research*, «il mercato dell'intrattenimento per adulti – che include la pornografia, i film vietati ai minori, i periodici, i siti web eccetera – vale molti miliardi di dollari».

Anche se come sempre «la segretezza del settore e la presenza di contenuti pirata rendono difficile ottenere dati precisi», la valutazione del centro studi è di un valore di 173 miliardi di dollari nel 2022, con previsioni di crescita annuale complessiva del 5,7 per cento. Un'altra ricerca condotta da *Absolute Reports* presenta cifre molto più ridotte, con una dimensione di mercato di 51,8 miliardi di dollari nello stesso anno e un tasso di crescita atteso del 6,69 per cento.

Difficile, comunque, quantificare i guadagni di un mondo in cui il rigore contabile non è la preoccupazione principale, e in cui dominano aggregatori il cui modello di business – prendere e offrire contenuti già esistenti – prospera sul mancato pagamento del diritto di riproduzione. Si tratta, in ogni caso, di profitti consistenti. Da dove vengono, se il porno è – o sembra – in gran parte gratuito? I siti offrono un abbonamento per i servizi premium; reindirizzano gli utenti verso altri siti a pagamento prendendo una commissione; vendono spazi pubblicitari a prezzi proporzionali al traffico che generano e inoltre, tema più inquietante, vendono i dati personali che ogni utente rivela (anche quando è formalmente anonimo) sulla propria posizione geografica e i propri gusti e consumi.

Quella che per molti è un'abitudine innocua e piacevole, insomma, in una prospettiva più ampia è un fenomeno che genera un volume di transazioni in crescita esponenziale. E come abbiamo visto, lo sviluppo del porno ha ricalcato quello di tante altre attività del mondo contemporaneo: un inizio all'insegna dello slancio e della creatività di pochi pionieri; la trasformazione in senso industriale; la concentrazione nelle mani di una manciata di colossi; la deriva verso lo sfruttamento di lavoratori alienati, precarizzati e sottopagati; la deregolamentazione del mercato; la crescita impetuosa; la finanziarizzazione.

La discrezione dell'industria pornografica sul suo giro d'affari non significa però silenzio totale, anzi: uno sguardo più da vicino si può ottenere grazie alle pubblicazioni professionali, ai festival e alle fiere.

Porno a go go

Gli Stati Uniti, spesso raccontati come una nazione puritana, mettono in scena ogni anno a Las Vegas e a Hollywood le grandi feste a luci rosse, con tanto di premi per le diverse categorie. Le due principali riviste di settore, «XBiz» e «AVN», organizzano altri eventi in cui sfilano stelle, stelline, registi e produttori, come in qualunque festival del cinema.

Mi soffermo sul resoconto della serata degli Oscar del porno 2023, pubblicato su «XBiz». Il luogo: la sala da concerto Hollywood Palladium, sul Sunset Boulevard a Los Angeles. Il presentatore: un attore chiamato Small Hands, divenuto celebre per la proporzionalità inversa tra le dimensioni delle sue mani e quelle dei suoi attributi. Le categorie: Migliore Scena di Sesso Orale, Migliore Scena di Sesso Anale, Migliore Scena di Doppia Penetrazione, Migliore Scena a Quattro/Orgia, Migliore Gang Bang. Premiato per la Migliore Scena di Sesso di Gruppo Internazionale ritrovo quello che alcuni considerano un nostro vanto nazionale: Rocco Siffredi.

L'aspetto più kitsch sono senz'altro i discorsi di accettazione dei premi: «Voglio ringraziare ogni singola persona a cui ho leccato la figa in questa sala, cioè la maggior parte, esatto?» si entusiasma una star conosciuta per le sue prodezze lesbo-porno. «Oddio, quanto cazzo ho preso quel giorno! Non ho potuto fare sesso per tre giorni interi» rimembra emozionata un'altra, rievocando il film che le è valso il premio. Una terza solleva fiera la statuetta e pronuncia un discorso dalle intense sfumature: «Questa me la ficco nella passera! [...] Mio dio, mi farete venire. Sono solo una sciocca qualunque che fa follie su internet, eppure smuovono qualcosa in molti di voi, e voglio ispirarvi a essere voi stessi ancora di più. Vorrei scopare tutto il mondo ora, in questa sala. Vi amo. Scusate se sono volgare... anzi no, non mi scuso per essere volgare. Perché noi troie non potremmo cambiare il fottuto mondo?». In questa valanga di dichiarazioni ce n'è una pacifista: «*Make love, not war*». Forse un po' fuori contesto, ma il concetto è impeccabile.

Questo genere di eventi è più raro nel resto del mondo. Atmosfere simili a quelle di Los Angeles o di Las Vegas si ritrovano al Bucharest Summit, al Venus Berlin, a Bruxelles per una competizione europea o a Barcellona. Fino a qualche anno fa c'erano gli Hot D'Or, a Cannes, a margine del festival del cinema più classico.

Nella promozione del porno domina l'America, così come nella produzione, del resto: Las Vegas, Miami, Valle di San Fernando. In Europa, Budapest e Praga restano poli attrattivi indiscussi: qui, come ricordava Mario Salieri, l'industria per adulti ha prosperato grazie a leggi più permissive, alla disponibilità di corpi femminili che rispondono ai canoni estetici più ricercati e naturalmente al basso costo del lavoro. Ma è su tutti la California a mantenere la sua posizione incontrastata di capitale della creatività, in questo come in altri campi. Silicone Valley, alle porte di L.A., e Silicon Valley, alle porte di San Francisco, sono più in sintonia di quanto non si pensi: l'alleanza tra *sex power* e *brain power*, come ricordava Roberto D'Agostino, è alla base delle trasformazioni tecnologiche che hanno portato la pornografia alle sue vette attuali.

Continuano a esserci Paesi che tentano di opporre barriere, tra cui la Cina, la Corea del Nord, l'Iran o l'Arabia Saudita e la maggior parte del mondo musulmano. Così come ci sono battaglie, portate avanti da vari Stati e in particolare in America, per limitare l'accesso in nome della protezione dei minori. Ma in pratica, i metodi per aggirare l'ostacolo sono relativamente semplici e universalmente conosciuti.

E così, la concentrazione delle produzioni nelle mani dei giganti occidentali e la globalizzazione portano a una forma di colonizzazione culturale: diffondono e impongono stereotipi che vanno a definire una «normalità». Nonostante la presenza di sottocategorie e «minoranze», l'universo del porno non è affatto inclusivo: l'offerta è dominata dal maschio bianco eterosessuale, teso alla ricerca del proprio piacere e – fuori dal video – del proprio profitto. Tutto il resto sono nicchie debitamente sfruttate.

I giganti hard

Al di là degli studios e del loro popolo di lavoratori, i veri giganti del settore sono le piattaforme. Secondo il sito *The Porn Dude*, che censisce i prodotti per adulti online, ne esistono 135 di importanti. Sono i supermercati del porno, sempre aperti, in cui i consumatori trovano di che soddisfare ogni gusto, in ogni lingua, a ogni ora del giorno e della notte. È una grande abbuffata, che consente di riempirsi di sesso virtuale fino alla nausea: mini-clip, scene «gonzo», film interi, navigabili per parole chiave dalla A di «amatoriale», «anal», «arabo», «asiatico», alla Z di «zambiano», «zex» e persino «zucchini» (entrambe parole evocative). Per chi voglia inoltrarsi nel bazar, poi, ci sono le singole boutique a pagamento che corrispondono meglio a desideri specifici.

Al di sopra di questo mondo brulicante c'è la

classica concentrazione di mercato tipica del capitalismo maturo e le piattaforme maggiori, quelle «*too big to fail*», sono quattro: *XVideos*, *XNXX*, *xHamster* e *Pornhub*. Ciascuna attira più visitatori di Netflix, Amazon Prime e Apple TV messe insieme, e tutte hanno qualche segreto da nascondere.

XVideos e *XNXX*

XVideos è considerato il sito porno più utilizzato al mondo. Nel solo mese di gennaio del 2024 ha avuto 2,6 miliardi di visite. Creato nel 2007 in Francia, oggi ha sede a Praga, e appartiene alla holding *WGCZ*, web group della Repubblica Ceca. Dei proprietari si trovano poche tracce in rete: sono due cittadini francesi, Stéphane Michael Pacaud e sua sorella Deborah Malorie Pacaud.

Questo gruppo assai discreto controlla, oltre a *XVideos*, anche un altro sito hard, il secondo più frequentato al mondo: *XNXX*, 2,2 miliardi di visitatori sempre nel gennaio del 2024. Non è facile risalire alle tradizionali informazioni come proprietà, gerenza, giro d'affari. Con una certa fatica, ho trovato il resoconto di un'udienza della commissione sull'attribuzione di nomi ai domini, risalente al giugno del 2014, in cui *XNXX* tenta senza successo di far annullare il dominio consonante *XXNX*. Dal documento si riesce a dedurre che *XNXX* è controllata dal 2012 da una società con sede sociale a Hong Kong.

Come scrivono Patricia Nilsson e Alex Barker in

un'inchiesta del 2022 sul «Financial Times»: «Ne abbiamo incontrati, di personaggi misteriosi, nel mondo del porno. Ma i Pacaud sono il massimo. [...] Sono registrati come proprietari di *WGCZ*, ma sui social media non c'è quasi traccia di loro. Non ci sono fotografie». Ciò che si sa degli elusivi fratelli, continua il quotidiano, è l'essenziale: «Vengono da una cittadina di una regione della Francia orientale nota per le miniere di carbone e il vino Borgogna. Gestiscono ancora il loro business con l'aiuto degli amici di laggiù e della famiglia. È Stéphane ad aver davvero fatto una brillante carriera ed è lui che, a quanto abbiamo appreso, controlla la società. Nel lontano 2002 gestiva delle gallery online di foto porno, all'epoca era un ventenne smilzo con i capelli rossi. Vent'anni dopo, nessuno al mondo governa più traffico pornografico online di lui. E nessuno sa davvero niente di lui, nemmeno le persone del settore».

«Com'è possibile?» si chiedono i giornalisti. Evidentemente, la privacy è una merce preziosa in questo universo. Ma solo per chi ci guadagna davvero.

xHamster

Nel club dei quattro giganti, *xHamster* è il più piccolo, comunque con 1,4 miliardi di visitatori sempre nel gennaio del 2024. Il fondatore e proprietario è Oleg Netepenko, un uomo d'affari russo con residenza a Limassol, sull'isola di Cipro. Ha un socio, anch'egli russo, Dmitri Gussew. Entrambi si avvalgono di una legge cipriota che consente agli stranieri di acquisire un passaporto di quel Paese se comprano una proprietà immobiliare: è il famoso Golden Passport, che apre le porte dell'Europa a migliaia di russi desiderosi di riciclare i loro rubli di dubbia provenienza in legittimi e pulitissimi euro.

Lanciato nel 2007, *xHamster* ha conosciuto una rapida crescita ma si è anche conquistato una cattiva fama. Il canale televisivo tedesco Funk e il settimanale «Der Spiegel» nell'ottobre del 2021 hanno svolto un'inchiesta sulle pratiche più discutibili del sito, che ha finito con lo specializzarsi in video girati all'insaputa dei protagonisti: in bagno, sotto la doccia, in situazioni di intimità. Messe online da partner senza scrupoli, questo genere di scene fanno furore perché soddisfano una tendenza voyeuristica assai comune nel pubblico maschile.

I giornalisti tedeschi Anton Rainer, Nicola Naber, Roman Höfner e Rafael Buschmann, particolarmente tenaci, sono andati persino a bussare alla porta di Netepenko, in un lussuoso appartamento vista mare a Limassol. E hanno fatto visita agli uffici della società *Wisebits*, che controlla *xHamster*, trovandoli vuoti. Un po' di tempo dopo, hanno ricevuto una mail rabbiosa di Netepenko, che metteva in discussione le loro credenziali di giornalisti, criticava pesantemente i loro metodi e li minacciava di conseguenze legali. Poi, il silenzio. Ma i video più discutibili sono stati cancellati dal sito, in gran fretta. Il buon giornalismo, evidentemente, serve ancora a qualcosa.

Questo episodio fa luce su un aspetto particolare del legame tra industria a luci rosse, sfruttamento dei minori e diffusione di scene di violenza. I siti porno, come le piattaforme social, si avvalgono di «moderatori», persone che ai quattro angoli del mondo, ma in generale nei Paesi in cui il costo del lavoro è basso, controllano che i video messi online rispettino le leggi sull'oscenità, la violenza, il consenso, l'età dei protagonisti. Ogni sito ha anche un proprio regolamento interno in materia. Nel caso di *xHamster*, il magazine americano «Vice» ha rivelato una peculiarità: i moderatori sono volontari, lavorano gratis in cambio di un accesso illimitato ai contenuti. Alcuni, si legge nell'inchiesta pubblicata sulla testata a ottobre del 2020, confessano di essere affetti da una forma di dipendenza da pornografia. Sono loro che «giudicano i contenuti del sito e decidono con un'occhiata se le donne sono maggiori di diciotto anni». C'è da fidarsi, di sicuro.

I giornalisti di «Vice» hanno creato un falso profilo internet e si sono fatti assumere come moderatori dalla piattaforma. Risultato: hanno scoperto «che *xHamster* chiede espressamente ai moderatori di lasciar passare contenuti su cui nutrono dubbi, anche se gravi. Se una cosa dev'essere eliminata dal sito, bisogna essere sicuri al 100 per cento che questa violi le (in parte discutibili) regole di *xHamster*». Inoltre, «foto di presunti minori, ovviamente illegali in molti Paesi, sono esaminate con un processo a dir poco parziale. Immagini che sembrano essere state diffuse senza consenso sono lasciate passare. La nostra ricerca dimostra che *xHamster* investe pochissima energia nella protezione delle vittime di violenza sessuale e digitale, come nel caso del revenge porn. I moderatori non ricevono alcun compenso, alcuna formazione individuale né tantomeno supporto dagli amministratori di *xHamster*». Alle domande di «Vice», la direzione del sito ha replicato con un breve comunicato: «Potete essere certi che i controlli esistono». Ai punti specifici sollevati dall'inchiesta non ci sono state risposte.

Pornhub

E ora veniamo al sito più noto, bersaglio degli strali dei nemici più accaniti del settore: *Pornhub*. Ha avuto 2,3 miliardi di visite nel nostro mese di riferimento, gennaio del 2024. Abbiamo già detto che fa parte del colosso *MindGeek*, che controlla anche *YouPorn* e una moltitudine di studi di produzione tra i più rinomati di Los Angeles. *MindGeek* si disputa con *WGCZ* il gradino più alto del podio hard. Con guadagni a molti zeri, anche se difficili da quantificare, l'influenza globale di questi due colossi si estende ampiamente al di là della sola industria dell'intrattenimento per adulti.

Pornhub è stato fondato nel 2007 in Canada dall'imprenditore Matt Keezer e dai suoi due soci Stephane Manos e Ouissam Youssef. I tre si sono poi uniti a un altro gruppo che aveva appena lanciato il proprio sito porno *Brazzers*, e da questo connubio di interessi è nata *Mansef*, crasi tra i due cognomi Manos e Youssef. Nel 2009, *Mansef* ha cominciato ad avere problemi con il fisco statunitense, che ha leggi molto severe sull'evasione: 6 milioni di dollari sono stati scoperti su un conto dal quale transitavano i pagamenti dei clienti dei loro siti hard.

In questo momento difficile entra in scena Fabian Thylmann, un giovane informatico tedesco. Anche lui si interessa alla pornografia online e ha inventato un programma che permette di analizzare il traffico dei contenuti a luci rosse in funzione dei gusti dei visitatori, personalizzando al meglio l'offerta per i clienti. In un'intervista rilasciata al «Financial Times», nell'ambito dell'inchiesta di Patricia Nilsson e Alex Barker, spiega come ha fatto il suo ingresso in questo mondo: «Ero un programmatore. Ho cercato online qualche modo per sviluppare progetti divertenti, facilmente, pur essendo giovane, senza appoggi e senza una base a L.A. o a San Francisco. In pratica, sono inciampato in questi tizi del porno navigando in rete, nelle chat, e ho cominciato a lavorare per loro».

Nel momento in cui *Mansef* viene messo in vendita, Thylmann ha già acquistato alcuni siti a luci rosse in Germania, e non esita un secondo: abile anche in campo finanziario, nel 2010 arriva a prenderne il controllo. Come prima cosa, ribattezza il gruppo con un nome che farebbe sorridere, se non fosse insieme una terribile metafora e una triste ironia: *Manwin*, la vittoria dell'uomo.

Pornhub diventa rapidamente il fiore all'occhiello di *Manwin*, con pratiche destinate ad attirargli l'odio dell'industria intera. I *tubes*, cioè gli aggregatori di contenuti, da sempre fanno profitto grazie al lavoro degli altri, mettendo online scene piratate o copiate senza remunerare né i produttori né gli attori. L'ex programmatore si trasforma in un vero predatore: più contenuti sono offerti sul sito, più aumenta il traffico e con esso gli introiti pubblicitari. E tanto peggio per chi ci rimette.

Nel 2011, Thylmann raccoglie oltre 360 milioni di dollari dalle banche americane e si prende tutta una serie di grandi marchi del porno come *Playboy TV*, il famoso studio *Digital Playground* e diversi siti di webcam, all'epoca ancora una novità.

Nel 2012, però, tocca a lui avere problemi con il fisco, tanto che finisce in carcere in Germania per diciotto giorni, in attesa di sentenza. Immediatamente, i finanziatori gli girano le spalle e ritirano il credito. Il «Financial Times» commenta: «I banchieri di Wall Street di Fabian avevano versato centinaia di milioni di dollari nella sua slot-machine del porno. Credevano che fosse un bambino prodigio della tecnologia con introiti regolari, non un pornografo soggetto agli scandali. Una volta dietro le sbarre, l'uomo che aveva convinto Wall Street che il porno fosse una scommessa sicura è cominciato ad apparire come un cattivo affare». Nella sua intervista al prestigioso quotidiano economico, Thylmann ammette: «Mi hanno semplicemente detto chiaro e tondo: "Senti, con te là dentro diventa tutto difficile. Potrebbe essere molto costoso"». L'unica soluzione per lui era vendere.

Il colosso viene comprato da tre persone. Due sono membri del management di *Manwin*: Feras Antoon e David Tassilo. Il terzo è un personaggio discreto, un finanziere austriaco, ex banchiere internazionale, Bernd Bergmair. È lui l'uomo chiave della transazione. È già proprietario di un sito hard, *RedTube*, ma non sono né la visibilità né il sesso ad attrarlo. L'unica cosa che gli interessa è il denaro, e sa che gli aggregatori porno hanno margini impressionanti. Feras Antoon assume il ruolo di direttore generale e ribattezza la società: *MindGeek*.

MindGeek

La sede di *MindGeek* si trova in un lussuoso palazzo di vetro a Montréal, ma la società è registrata in Lussemburgo, e opera anche a Cipro: due paradisi fiscali nel cuore dell'Europa. *MindGeek* è decisa a conquistare l'universo in piena espansione del porno, in tutte le sue forme. E gli affari vanno a gonfie vele ormai da anni, anche dopo che con un nuovo passaggio di proprietà ha cambiato nome in *Aylo*.

Nel 2014, il potere di *MindGeek* si era consolidato al punto che un articolo di «Slate» lo definiva «il porn provider». Quasi un monopolio, osservava la rivista, con il paradosso che mentre questa società fa lavorare molti operatori del settore, guadagna piratando gli altri loro prodotti. L'idra di *MindGeek*, concludeva «Slate», ha una forza così grande che nessuno ha il coraggio nemmeno di parlarne, per paura di essere ostracizzato.

Il terminc «monopolio», in realtà, è forse un'esagerazione, ma sul potere di questa impresa non ci sono dubbi. Nel settore dell'intrattenimento per adulti c'è chi afferma che *MindGeek* abbia usato la pirateria online come un'arma decisiva. Dopo aver saturato il mercato con i suoi aggregatori di materiale «rubato», ha potuto acquistare a pochi soldi i produttori il cui business si era svalutato proprio per l'eccessiva disponibilità di contenuti gratuiti. Di certo, come ogni sito che consenta agli utenti di caricare video online, *MindGeek* a volte distribuisce contenuti piratati. Si difende dalle cause per violazione del copyright cancellando quelli che vengono segnalati come tali. Così rimane all'interno della legge, secondo la sezione 512 del Copyright Act americano: i fornitori di servizi online sono indenni da responsabilità sui contenuti proibiti postati dagli utenti.

In breve, *MindGeek* e le altre aziende del genere hanno costruito un modello di business che non solo è immune alla pirateria, ma se ne avvantaggia. Gli stessi produttori, però, a volte offrono video teaser su quei siti sperando di convertire almeno una piccola percentuale degli utenti di passaggio in clienti paganti dei propri servizi.

Così, la gratuità e la pirateria non solo hanno trasformato l'industria dell'intrattenimento per adulti, ma ne costituiscono il carburante. E chi mette online senza riflettere le proprie foto e video hard sta facendo un favore a una ristretta élite di multimilionari, che sentitamente ringrazia.

5

Tutti pazzi per *OnlyFans*?

Si fa chiamare Sylvia Teresa Bataille: pseudonimo ambizioso, chissà cosa ne avrebbe pensato la Sylvia originale, che era stata moglie del filosofo e letterato francese Georges Bataille, e poi compagna di Jacques Lacan. Dati i suoi intrecci di famiglia con l'ambiente della psicanalisi novecentesca, forse ne sarebbe stata intrigata. La sua omonima però lavora in un altro settore. E la prima cosa che le chiedo «incontrandola» online per la nostra conversazione è proprio questa: come definirebbe il suo mestiere? «Ho una pagina su *OnlyFans*» risponde senza fronzoli. «A volte mi spingo addirittura a dire che sono una *sex worker*» aggiunge. «Però altre volte no. Quando capisco che è un contesto in cui devo stare più attenta, sono semplicemente una persona che fa fotografia erotica vintage.»

Il lavoro di Teresa fa parte della nuova frontiera dei mestieri del sesso, aperta dallo sviluppo tecnologico e dai cambiamenti del mercato. Ho cercato lei perché, a fronte di migliaia di profili tutti uguali fra loro, prometteva uno sguardo più lucido e interessante su un mondo in cui imperano le falsificazioni e la retorica del successo facile. Tanto per cominciare, le foto che vende sono diverse dalla consueta esposizione di carne: restano immagini esplicite, di nudo integrale, in pose provocanti, ma studiate nei minimi dettagli per somigliare a un set fotografico della prima metà del Novecento, sempre con un'accurata e raffinata combinazione di arredi, tappezzerie, drappi, accessori, fiori, piume. È chiaro che si rivolgono a utenti con una certa cultura e un gusto che trascende la ricerca di facili ausili per la masturbazione.

Teresa, ventisei anni e una laurea in Filosofia medievale, un paio di generazioni fa avrebbe avuto probabilmente una carriera differente. Il suo viso di porcellana e i suoi occhi chiari, oltre al corpo perfetto, le sono valsi presto un contratto da modella con un'agenzia milanese. Dopo tre anni però ha mollato: troppe le pressioni, i compromessi, i pericoli di problemi fisici e psicologici a cui, dice, si sentiva esposta, ma sui quali non si dilunga. «Mi dava proprio fastidio quell'ambiente, era oggettivamente sbagliato, moralmente sbagliato» riassume. «Mi trovavo meglio a posare nuda che con i vestiti che mi davano loro.» E siccome le foto senza abiti non violavano l'accordo di esclusiva contrattuale, Teresa ha scelto di farsi scattare «un bel mucchio di immagini anche erotiche». Che sono diventate la base del suo profilo, aperto a novembre del 2022 su *OnlyFans*, il nuovo grande mercato in cui si vende di tutto, ma in particolare si vende sesso.

Social come *Facebook* e *Instagram* hanno cercato di stabilire limiti precisi alla condivisione di materiale erotico, mentre altri ne hanno fatto il cuore stesso del loro modello economico. Dopo che l'avvento degli aggregatori ha costretto gli studios a chiudere, ridimensionarsi o vendere alle piattaforme, gli attori e le attrici hanno visto infatti diminuire le opportunità di lavoro, e molti fanno ricorso alla prostituzione per sopravvivere. Ma poi si sono aperte nuove vetrine: *OnlyFans* è al momento la più famosa ed emblematica.

È stata lanciata in Gran Bretagna nel 2016. Inizialmente era pensata come un luogo dove i «modelli», in gran parte donne, potevano trarre il massimo profitto dal loro aspetto fisico o dai loro talenti. Una piazza libera, fuori dalla portata dei giganti dei vari settori creativi. Sul sito si possono caricare ogni tipo di contenuti generati in proprio, siano testi, foto o video: ricette di cucina, brani musicali, lezioni di yoga. Ma anche spettacoli in diretta di natura sessuale, purché non violino le leggi che tutelano i minori e le persone vulnerabili.

Scrive il «Financial Times»: «Questo è stato l'inizio di una nuova era. Se lo streaming video ha reso il porno gratuito, *OnlyFans* è stato tra i siti che hanno iniziato a invertire la tendenza. La gente ricominciava a pagare per il porno». Soprattutto, sottolinea il quotidiano, vengono remunerati direttamente gli interpreti.

Finalmente liberi (e pagati)?

OnlyFans utilizza un sistema con paywall: al di là di qualche prodotto civetta, per vedere è necessario mettere mano al portafoglio. È il creator a stabilire il prezzo di accesso ai suoi contenuti, per un abbonamento mensile compreso tra 4,99 e 49,99 dollari. Il cliente abbonato può anche offrire somme aggiuntive per servizi personalizzati. Sylvi'a Teresa Bataille, per esempio, ha scelto di chiedere, con una punta di provocazione, la stessa somma che si paga per Netflix, intorno ai 15 euro. Un prezzo piuttosto alto, ammette, perché «quando paghi abbastanza per una cosa, poi ne diventi geloso». Quindi, non la metti gratuitamente su *Pornhub*. Su questa cifra, *OnlyFans* trattiene il 20 per cento, «che in realtà non è neanche male, perché l'agenzia di moda si prendeva il 40» osserva Teresa. In più *OnlyFans* non pretende l'esclusiva: è il classico lavoretto occasionale. A Teresa richiede poco impegno: «I post per tutto il mese li programmo in una sola giornata, impiego due ore per scriverli e così ogni giorno esce qualcosa» spiega.

Le *cam girls* o i *cam boys*, intendiamoci, non sono niente di nuovo. Si possono trovare da tempo, in rete, persone che, da sole o in gruppo, presentano agli utenti scene di sesso in tempo reale. È la versione digitale del peep show ed è pagata in genere con gettoni acquistati dal sito o dalla piattaforma, che a sua volta versa all'artista una certa percentuale dei ricavi. *OnlyFans*, però, ha attirato l'attenzione dei professionisti del sesso e dei clienti perché ha subito dato l'impressione di fare un passo in più. Ai visitatori prometteva un'esperienza più personalizzata, più intima, e ai creator il vantaggio del rapporto commerciale diretto.

Teresa guadagna circa 1.300 euro al mese, di certo non si arricchisce, ma bisogna dire che nell'ansia di tenere sotto controllo la sua immagine (perché prima o poi, sottolinea, vorrà fare un altro lavoro) limita in modo consistente la sua offerta: non fa chat a pagamento, non vende quasi mai filmati porno in privato, e il materiale che manda è calibrato con molta attenzione. «Ho fatto un video mentre mi masturbavo, ma c'è un asciugamano, quindi non vedi l'atto in sé con un vibratore e neanche il viso. È un video molto molto erotico, ben fatto, e in cui c'è soltanto una parte di torso e ogni tanto le contrazioni naturali che hai nei momenti di piacere» racconta.

Nel mondo di *OnlyFans*, Teresa vive per sua stessa ammissione in una specie di «bolla», con quaranta-sessanta iscritti, in maggioranza uomini di una certa cultura, tra i trenta e i quarant'anni. Lei è, insomma, un prodotto di nicchia, e lo sa: «Non ho un profilo come tanti, con fotografie in cui mi verso del latte sulla faccia e dico che ho sete» sottolinea in tono piuttosto severo. «E mi irrita che altre ragazze lo facciano: continuano a mandare avanti questi stereotipi di donne sottomesse affamate di sesso soltanto per guadagnare due soldi. I clienti poi si sentono legittimati a prendere le fotografie che hanno pagato, e a metterle gratuitamente su un sito per condividerle con altri amici. È una logica folle.»

A giudicare dalla rapida storia di successo di *OnlyFans*, però, questa logica funziona.

Benedetti dal Covid

L'inventore di *OnlyFans* è un inglese, Tim Stokely, nato nel 1983 in una famiglia di banchieri. Non ha seguito le orme dei suoi predecessori, dedicandosi invece alla creazione di siti destinati a promuovere e monetizzare belle ragazze. È sempre stato convinto che, nonostante l'accesso gratuito a milioni di ore di video hard, ci fosse un mercato per una clientela più esclusiva. Ed è questa intuizione che lo ha portato a lanciare *OnlyFans*, con l'aiuto del fratello e il sostegno finanziario del padre. Al centro del progetto un'idea forte: che i fruitori fossero disposti a pagare per stabilire un legame personale con i creator e per ottenere prodotti su misura.

Già nel febbraio del 2019, Jacob Bernstein sul «New York Times» si era interessato al fenomeno, con un lungo articolo che raccontava questa nuova frontiera: «Ogni giorno, centinaia di uomini pagano Dannii Harwood per inscenare le loro fantasie sessuali e rafforzare la loro autostima. A volte si spoglia. A volte si veste da infermiera o da dominatrice. Di un cliente abituale conosce magari la data del compleanno, i nomi dei figli e degli animali domestici, sa persino quando chiamare per chiedere com'è andato un intervento chirurgico. Lui potrebbe pagarla per aiutarlo a raggiungere un orgasmo, anche se non è una prostituta. Potrebbe acquistare video erotici da lei, anche se non è una pornostar. La signora Harwood è tra coloro che guadagnano meglio su *OnlyFans*». Gli uomini, insomma, pur potendo trovare porno ovunque e gratuitamente, sono disposti a pagare per l'illusione di un rapporto diretto, con qualcuna che esaudisca i loro desideri. «Sono come la loro ragazza online» ha riassunto Dannii Harwood.

Nel 2018, un investitore originario dell'Ucraina, residente a Chicago, Leo Radvinsky, prende il controllo di *OnlyFans*. La cifra di questa transazione non è stata resa nota, e a quanto pare Radvinsky è un uomo molto discreto che non parla con la stampa. In un ritratto piuttosto asettico, la Bbc lo descrive come «un imprenditore ucraino-americano di quarantun anni con un patrimonio netto stimato in 2,1 miliardi di dollari». Radvinsky ha studiato alla Northwestern University di Chicago e si è interessato molto presto al settore del porno. Ha creato, in particolare, un sito in cui vendeva password per accedere gratuitamente ad altri siti hard. E con l'acquisto di *OnlyFans* ha dimostrato di avere grande fiuto e ancora maggiore fortuna. Perché meno di due anni dopo, il Covid-19 ha cambiato il mondo.

L'industria del porno, come ogni altro settore, ha dovuto adeguarsi a una realtà di restrizioni e di consumi improvvisamente modificati. Le attività produttive sono state sospese, gli studios hanno chiuso e i professionisti sono stati costretti a inventarsi fonti di reddito alternative. Allo stesso tempo, nei primi mesi della pandemia, il consumo a luci rosse ha raggiunto nuove vette, come notava all'epoca la rivista «Forbes»: «Negli ultimi due mesi, produttori di *sex toys*, siti cam e piattaforme porno hanno segnalato traffico record e, in alcuni casi, vendite record». E aggiungeva: «Ma la chiusura per Covid-19 dell'industria del porno ha causato un'altra rivoluzione, poiché migliaia di performer, senza lavoro ma con un enorme seguito sui social media, hanno utilizzato le moderne tecnologie per impadronirsi dei mezzi di produzione». Ed è così che siamo entrati in una nuova dimensione della spettacolarizzazione e commercializzazione del sesso: un freelance, da solo o da sola davanti alla sua webcam, che affronta una concorrenza numerosa e accanita per piazzare il suo prodotto. Subito dopo il lockdown, *OnlyFans* ha raggiunto i due milioni di creator e i 180 milioni di utenti. Una significativa percentuale acquistava o vendeva materiale pornografico.

Ma con il successo sono arrivati anche i guai. Un'inchiesta della Bbc a maggio del 2021 rivelava che *OnlyFans* non è immune ai problemi legati all'età dei creator. Le accuse sono gravi: secondo la polizia britannica, «è sempre più evidente che *OnlyFans* viene utilizzato da minori», e che non dispone di protocolli di sicurezza adeguati. Seguono proteste anche a livello governativo e tre mesi più tardi il sito annuncia che metterà al bando i contenuti esplicitamente sessuali. È necessario, spiegano, «per conformarsi alle richieste dei nostri partner bancari e dei gestori di sistemi di pagamento». In un'intervista con il «Financial Times», Tim Stokely specifica che le banche sono restie ad associare i propri nomi a un'attività che alcuni dei loro clienti potrebbero considerare oscena. E aggiunge: «Paghiamo a oltre un milione di creator più di 300 milioni di dollari ogni mese, e perché questi fondi arrivino a destinazione serve il settore bancario». La Bank of New York Mellon, puntualizza, ha segnalato e respinto ogni transazione collegata alla sua società, creando problemi nei pagamenti ai professionisti. Stokely menziona altre due banche che hanno lo stesso approccio: Metro Bank e JPMorgan.

La decisione di bandire i contenuti hard ha l'effetto di una bomba nell'universo di molti creator, che contano su quei guadagni per arrivare a fine mese. Per decine di migliaia di loro, soprattutto donne, la pornografia «fatta in casa» è a tutti gli effetti un secondo lavoro che non porta ricchezza, ma garantisce la sopravvivenza. Alcune, comprese diverse professioniste, dovrebbero tornare ad attività molto più rischiose come la prostituzione, se *OnlyFans* rigettasse i loro contenuti.

Poi il colpo di scena: solo cinque giorni dopo questo comunicato, *OnlyFans* fa marcia indietro. Ma non spiega perché questa emergenza sia rientrata in tempi così brevi. Hanno concesso alle banche commissioni più elevate? Di certo Leo Radvinsky, l'uomo che ha trovato una via d'uscita, è oggi in realtà l'unico capo di *OnlyFans*; alla fine del 2021, Stokely si è dimesso da direttore generale.

Questo episodio ci mostra un aspetto interessante della pornografia digitale di massa: il legame profondo con il mondo economico e finanziario. Senza le transazioni online comode e istantanee, l'impero del porno collasserebbe come un castello di carte. Il regista Mario Salieri testimonia di verifiche molto meticolose: «I gruppi di intermediazione finanziaria, che consentono ai siti internet di esistere, fanno una vigilanza spaventosa. Hanno personale preposto e se vedono dei prodotti violenti possono arrivare a togliere al sito la possibilità di guadagnare» spiega. Anche sulla produzione c'è un'attenzione che definisce «quasi fastidiosa»: «I gruppi finanziari, una volta al mese, entrano sul mio sito con le password di cui dispongono, e fanno dei controlli. A volte mi obbligano a modificare persino alcuni titoli, che possono in qualche modo far pensare alla violenza o alludere alla minore età».

Le banche e le principali società di carte di credito, insomma, possono contrastare gli aspetti più oscuri di questo impero. Tuttavia, sanno bene che si tratta di una miniera d'oro e vogliono la loro parte. Sotto forma, per esempio, di tassi molto elevati applicati alle transazioni in ogni fase della produzione e distribuzione di un prodotto classificato come hard.

Non esistono soldi facili

In questo contesto, la libertà dei creator di *OnlyFans* fa rima con precarietà. Sono alla mercé della volubilità della loro clientela e se davvero vogliono raggiungere grandi numeri devono fidelizzarla, con una presenza quasi costante e un lavoro instancabile. Sono vulnerabili alle esigenze degli intermediari, che siano i siti stessi o i gestori delle modalità di pagamento. Un mondo del lavoro atomizzato, dunque, grazie alla proliferazione di produttori indipendenti che operano in un universo di concorrenza feroce, senza protezione sociale, senza assicurazione e senza sindacati. Come ha scritto su «Porn Studies» il ricercatore Gwyn Easterbrook-Smith: «Possiamo considerare *OnlyFans* e altre realtà simili che offrono contenuti erotici come forme di lavoro all'interno della gig-economy mediata dalla piattaforma. In un certo senso con più libertà, ma anche con più precarietà finanziaria. Il lavoro nella gig-economy, inserito in un discorso imprenditoriale, è intrinsecamente legato al neoliberismo».

È evidente che la precarietà funziona. Secondo uno studio della rivista specializzata online «Influencer Marketing Hub», *OnlyFans* è passato da 7 milioni di utenti nell'agosto del 2019 a 210 milioni nel giugno del 2023. Nei dodici mesi precedenti, il numero di creator è arrivato a 3,2 milioni. E i profitti lordi della società con sede a Londra nello stesso periodo hanno raggiunto i 525 milioni di dollari.

Ma quanti di questi soldi arrivano nelle tasche degli artisti? Sempre secondo «Influencer Marketing Hub», i più pagati superano i 100.000 dollari al mese, ma la media dei guadagni mensili è di circa 180 dollari. Occorre inoltre prendere in considerazione un dato stupefacente: la maggior parte degli account su *OnlyFans* semplicemente… non ha fan. Nessun cliente. Quindi, niente soldi. Conclusione non sorprendente: «Il top-1 per cento degli account raccoglie il 33 per cento di tutto il denaro, e il top-10 per cento prende il 73. È ovvio che gli influencer e le celebrità hanno un vantaggio naturale: un pubblico già affezionato che portano con sé sulla piattaforma».

La rivista offre un esempio concreto, quello di Miss Swedish Bella, una bionda dalle forme prosperose che dichiara di guadagnare 750.000 dollari all'anno grazie alle sue attività su *OnlyFans*. È già conosciuta nel mondo dei social, avendo più di 2,5 milioni di follower su *Instagram*, dove tuttavia le foto di nudo non sono ammesse. Miss Swedish Bella, che in realtà si chiama Monica Huldt, guadagna perlopiù da ordini speciali che arrivano attraverso la messaggistica privata. Il suo approccio, diversamente da Sylvia Teresa Bataille, è quello di una professionista che vuole fare più soldi possibile, nel breve tempo di una carriera erotica: se vuoi arrivare in cima, dice, ti ci devi dedicare sette giorni su sette. «Non lo consiglierei mai a chi volesse impegnarsi solo due giorni a settimana o giù di lì» osserva severa. «Se lo pensi come un part-time, non guadagnerai mai abbastanza soldi.»

È la stessa esperienza, osserva lo studio, di molti suoi colleghi: bisogna costruirsi un seguito, impegnarsi a fondo per produrre i contenuti giusti nel modo giusto, e ci vuole tempo prima che i profitti diventino interessanti. *OnlyFans* conferma, nelle istruzioni per l'uso della piattaforma: «Le tue possibilità di guadagno dipendono davvero dalla qualità e quantità dei contenuti che carichi. Più post fai, più i tuoi fan sono incentivati a iscriversi e a rimanere iscritti al tuo profilo». Insomma più lavori e più denaro raccogli, e più guadagna *OnlyFans*: tutti contenti?

Non proprio. Innanzitutto perché, come abbiamo visto, a riempirsi davvero le tasche è solo un 10 per cento dei creator. In secondo luogo, il rapporto diretto tra performer e cliente su cui si basa questo modello economico non è del tutto trasparente.

Un'approfondita inchiesta del «New York Times Magazine» dal titolo *I «magnaccia virtuali» di OnlyFans* ci racconta di operatori di mercato che utilizzano manodopera a basso costo e delocalizzata per «simulare» quell'intimità che i clienti cercano. Benvenuti nel mondo di Jayson Rosero, ventisette anni.

I magnaccia virtuali

Jayson vive a Miami. Ha fondato e dirige una società di marketing chiamata *Think Expansion*, che gestisce pagine su *OnlyFans* per conto di oltre trenta donne, occupandosi di ogni aspetto. Promuove gli account sui social media, scrive tutti i loro post giornalieri, gestisce persino le vendite dirette tramite messaggistica, impersonando le donne in conversazioni con i loro abbonati per piazzare i video erotici.

Rosero ha cominciato a lavorare su *OnlyFans* all'inizio della pandemia, dopo che *Think Expansion* è stata ingaggiata da una creator che voleva aumentare il suo seguito. La chiave di tutto è stata la forte correlazione tra la portata dei suoi canali social e i suoi profitti su *OnlyFans*. È intuitivo: *Instagram* non consente la nudità completa, ma le foto provocanti pubblicate lì possono generare vendite su altre piattaforme. Così, l'intraprendente Jayson ha cominciato a contattare altre influencer e a gestire pagine per loro conto. Nel novembre del 2020, reclutava collaboratori su *Instagram*: «*OnlyFans* è davvero un'opportunità, non solo per le ragazze sexy, ma anche per i ragazzi» scriveva. «Vi propongo lo "sfruttamento virtuale".»

Due anni dopo, il format è collaudato. Quando l'agenzia prende una nuova cliente, le chiede un set di foto e video nuda. I ghostwriter, noti come «chatter», interpretano la donna nei messaggi privati con i clienti che pagano per parlare con lei. Inoltre, contattano nuovi abbonati, cercando di convincerli a passare al pay-per-view. A ogni acquirente di un video dicono che è stato girato solo per lui, ma nulla vieta che venga venduto a decine di persone. I chatter guadagnano una piccola percentuale sulla maggior parte delle vendite, e il resto viene diviso tra *Think Expansion*, la piattaforma e la creator.

In linea di principio, niente di strano: c'è una produttrice che prepara i contenuti e un venditore che li piazza. In mezzo, però, c'è un cliente che non sa nulla di questa intermediazione, pensa di interloquire con Candy98 e sta invece conducendo conversazioni hot con un dipendente di Rosero, forse non del tutto corrispondente ai suoi sogni erotici.

Il fatto che la clientela di *OnlyFans* sia composta perlopiù da uomini soli ed eccitati davanti a uno schermo facilita il compito dei chatter. «I nostri migliori clienti vengono da noi non tanto per acquistare contenuti quanto per provare una sensazione di vicinanza» recita un post sul sito web di *Think Expansion*. Questo desiderio, spiega, è il pane quotidiano di uno sfruttatore, virtuale o meno che sia: «Imbrogliare i babbei è un'arte che esiste da sempre!».

Non porno, ma eros

Quando chiedo a Sylvia Teresa Bataille se vendere proprie immagini erotiche sia per lei un lavoro come un altro la risposta è secca: «Non percepisco il mio corpo o la mia mente come un qualcosa che devo dare al miglior offerente». Ammette però che qualche problema, coi suoi, questa scelta gliel'ha creato. Il padre l'ha compresa, anche perché fa il fotografo, ma nel Paese delle famiglie tradizionali certo non è stato facile né per lui né per la moglie accettare che amici e conoscenti possano acquistare foto della loro figlia svestita, nel bazar della rete. Si tratta, chiaramente, di due genitori aperti e moderni, capaci di comprendere percorsi intellettuali e professionali che nella loro giovinezza non avrebbero mai potuto immaginare. Quanto alle relazioni sentimentali, prosegue Teresa, «le persone si sentono intimidite dal fatto di avere una ragazza che si mostra così», e un fidanzato fisso non è al momento un'opzione. «Ho delle relazioni molto più libere, con persone di cui non sono proprietà» taglia corto. Si capisce che nonostante il profilo intellettuale della sua pagina, e il controllo molto forte che esercita sui suoi contenuti e sulle sue interazioni, lo stigma spesso riservato a una *sex worker* colpisce anche lei, e le suscita qualche dubbio: «Certo so che mettermi a nudo su *OnlyFans*, nel modo in cui ho deciso io, potrebbe anche crearmi dei problemi in futuro. Ma se un ipotetico datore di lavoro valuterà questa esperienza più della mia preparazione, la perdita sarà sua e non mia». Evidentemente anche per lei, in fondo, non è un lavoro come un altro, seppure part-time.

Julie Bindel, giornalista e attivista anti-porno, sul quotidiano britannico conservatore «The Standard», obietta all'idea che produrre in proprio possa essere percepito come una via all'emancipazione: «La pornografia è semplicemente prostituzione con una telecamera, e *OnlyFans* è sia prostituzione sia pornografia».

Nella visione di Teresa, però, stare sul mercato in maniera consapevole e differente è un modo per «sporcarsi le mani» nel tentativo di cambiare le cose. «Si va sempre di più verso una pornografia standardizzata, che ha una certa immagine della donna: faccio strip-tease, ti faccio un pompino, scopiamo; se mi fai degli atti di violenza, io nel 95 per cento dei casi o non ti dico niente o ti dico che mi va bene; poi alla fine mi vieni in faccia» sintetizza. Vietare di mostrare determinate pratiche certo non sarebbe la soluzione, ammette, perché non farebbe che ridurre le opzioni di «sceneggiatura» e quindi standardizzare la sessualità ancora di più. Persino la pornografia femminista, a suo parere, è vittima di questa tendenza all'appiattimento narrativo, anche quando si basa sulle fantasie erotiche delle donne. «All'interno di un contesto come il nostro, cosa vuoi che rappresentino? Il tipo che mi prende e mi sbatte sul tavolo» obietta Teresa. «No, è necessario un cambiamento di mentalità, che non può essere caricato sulla pornografia.» Secondo lei, è una questione di gender: «Finché c'è questa rappresentazione stereotipata di ruoli definiti, in cui la donna deve essere passiva e l'uomo attivo, la pornografia non può essere femminista».

Teresa ha ottenuto un dottorato in Filosofia analitica ad Amsterdam, e il suo ambito di ricerca sarà proprio la pornografia femminista. Le faccio i miei migliori auguri, ma le chiedo se davvero sia convinta che il lavoro intellettuale possa contrastare con efficacia i danni e le distorsioni di un mercato così potente. Lo crede. La soluzione, a suo parere, non è far pagare il porno, non è regolamentarlo, non è intervenire sulle dinamiche economiche e finanziarie che lo sostengono. «Secondo me, bisogna proprio investire sull'educazione, cambiare il gusto sessuale delle persone, così poi queste si vanno a cercare altri tipi di porno.»

Se non si è utopisti da giovani, d'altra parte, quando? Molti, però, sono più pessimisti, e piuttosto che sperare in una modifica culturale di lungo periodo, preferiscono ingaggiare battaglia subito e cercare di colpire dove fa più male.

6

Il porno degli orrori

Sul «New York Times» del 4 dicembre 2020, l'inchiesta del noto opinionista Nicholas Kristof ha un titolo che attira l'attenzione: *I bambini di Pornhub*.

Il giornalista attacca *Pornhub* con una virulenza rara, senza temere le critiche spesso riservate a chi si occupa di questi argomenti: censura, moralismo, ipocrisia. Sostiene che il sito abbia lasciato circolare video che mostrano violenze su minori: adolescenti non consenzienti.

Kristof accusa l'aggregatore di guadagnare con questi contenuti proibiti, grazie a ricerche come «ragazze sotto i 18 anni» o «14yo», cioè quattordicenni, che danno oltre 100.000 risultati. «La maggior parte dei video sul sito non sono violenze sui bambini, ma troppi lo sono» commenta il giornalista. E dà la parola a numerose vittime, costrette ad avere rapporti sessuali con adulti, o filmate dagli «amichetti» che hanno poi messo online le testimonianze delle loro prodezze. «Il sito guadagna sugli stupri di bambini, il revenge porn, le telecamere nascoste nelle docce, i contenuti razzisti e misogini e le riprese di donne soffocate con sacchetti di plastica» scrive Kristof. E per la prima volta sul quotidiano più influente degli Stati Uniti illustra la dimensione del fenomeno, con i miliardi di visite al mese e i milioni di video caricati ogni anno.

Dopo questo intervento, in America si è aperto un dibattito vivace sugli aspetti più controversi della pornografia online, soprattutto sulla pedopornografia e sul revenge porn. Come effetto immediato, *Pornhub* ha dovuto cancellare milioni di clip sospette, e bloccare le parole chiave che permettevano di fare ricerche mirate per scene violente o con minorenni. Ma non è facile trovare soluzioni più strutturali.

Trovo che questo caso sottolinei un passaggio importante: dalla dimensione personale, di scelte e comportamenti individuali del popolo del porno, alla dimensione sociale e politica. Kristof ha messo il dito nella piaga: lo strapotere globale dell'impero del porno digitale. Un aspetto confermato dal centro studi *Diggity Marketing*, in un'inchiesta realizzata sempre nel 2020 intervistando un campione di quasi 6.400 persone. Vengono elencate le tre aziende con il maggiore impatto sociale nei primi vent'anni del nostro secolo: *Facebook*, *Google* e *Pornhub*. Quest'ultima ne esce male, con il 56 per cento degli intervistati che le assegnano la palma per «l'impatto più negativo sulla società».

La pandemia di Covid-19 ha segnato un punto di svolta grave: i bersagli dei pornografi della rete hanno anche meno di sette anni. Secondo il report 2022 della *Internet Watch Foundation*, un'organizzazione no-profit inglese, dal 2020 nel mondo gli abusi online a danno di minori sono più che raddoppiati; il 96 per cento delle vittime sono ragazzine. Molto del materiale è generato dai bambini stessi, caduti nella trappola dei mostri. L'ipotesi è che le restrizioni e il lockdown, portando i più piccoli a passare tanto tempo in casa e su internet, abbiano creato involontariamente un terreno fertile per gli approcci dei molestatori, che li convincono a inviare contenuti più o meno espliciti. Alla fine del 2023, il report della polizia postale italiana sui cyber-reati evidenziava che i casi di adescamento online riguardano in larga maggioranza minori tra i dieci e i tredici anni, con un aumento di casi tra i bambini sotto i nove anni, quasi il 10 per cento. Spesso, il metodo con cui vengono agganciati sono le piattaforme di gaming, o magari un link scambiato nelle chat con i compagni di scuola.

Assieme al livello di pericolo, si è alzato il livello di attenzione, e questo è un bene. Sulle zone d'ombra più cupe della pornografia online si accende anche il faro della magistratura.

Il caso WGCZ

Come abbiamo visto, i principali protagonisti di questo mercato sono accomunati da una grande discrezione. Ma a volte i loro nomi compaiono negli atti delle inchieste giudiziarie.

Per esempio, i proprietari di *WGCZ*, la società che possiede *XNXX* e altri colossi, sono menzionati in un fascicolo di un tribunale federale della California. Al centro del caso c'è una donna indicata come Jane Doe, in America lo pseudonimo standard di chi è sotto anonimato, in genere per motivi di protezione. Ha sporto denuncia contro *WGCZ* e contro Stéphane Michael Pacaud e Deborah Malorie Pacaud, il 18 marzo 2021. Secondo gli atti, Jane Doe «è una vittima e una sopravvissuta al traffico sessuale di minori. Video degli abusi sessuali subiti da bambina sono stati venduti, pubblicati e distribuiti da siti web posseduti e gestiti da *XVideos*, che ha tratto profitti da queste immagini». La causa è in corso di giudizio.

Lo sfruttamento di minorenni è una delle linee d'attacco privilegiate dei gruppi anti-pornografia, e una delle armi più efficaci, come sottolineava l'articolo di Kristof. Per difendersi, gli aggregatori affermano che non possono essere considerati responsabili dei contenuti prodotti e messi online da terzi, e un'interpretazione restrittiva della legge americana dà loro ragione. Le grandi piattaforme, dunque, sono titolari dei contenuti quando si tratta di guadagnare, ma estranee ai fatti quando si tratta di risponderne. Così si sentono al sicuro. Tentano, però, di evitare danni d'immagine che possano impattare sui profitti. Non vogliono essere accusate di diffondere immagini di bambini violentati, restano tuttavia riluttanti a discutere una misura chiesta da più parti, ovvero precludere l'accesso ai minori di diciotto anni.

In Gran Bretagna, gli avvocati di *WGCZ*, in generale molto silenziosi, nel settembre del 2021 intervengono nel dibattito su una possibile legge in materia, inviando al Parlamento un lungo memorandum. Si dichiarano favorevoli, ma mettono in guardia contro «conseguenze deleterie, come costringere i minori a ricorrere al dark web o ad altre parti di internet più pericolose». In pratica, sostengono che il rimedio potrebbe essere peggiore del male. Poi affondano il colpo: loro si impegnano a rispettare i regolamenti, si augurano però che la legge «protegga i diritti fondamentali, inclusi i preziosi diritti alla privacy e alla libertà di espressione; non comporti oneri non necessari ai danni di business leciti; e fornisca un quadro di chiarezza e certezza per le imprese che lavorano via internet». In sostanza, vogliono salvare la faccia e il profitto. Cosa non facile, perché accanto al problema dei minorenni emerge con prepotenza quello dello sfruttamento di donne non consenzienti.

La testata giornalistica slovacca «Denník N» ha pubblicato un'inchiesta basata sulle testimonianze di numerose ragazze che hanno lavorato per le produzioni dello studio *LegalPorno*, connesso alla holding dei fratelli Pacaud. Sotto la protezione dell'anonimato, le giovani sostengono di essere state costrette a sottoporsi a pratiche violente. Alcune affermano di essere rimaste ferite durante scene di penetrazioni anali multiple. Non sono state informate in anticipo sulle performance richieste, e quando lo hanno scoperto hanno cercato di opporsi. Ma alla fine hanno ceduto, per paura di non essere pagate. Riferiscono che la produzione aveva fornito loro del gel alla lidocaina (o anche un sorso di vodka!) per attutire il dolore. Infine, confessano di non aver sporto denuncia per timore di non poter più lavorare nel settore. *WGCZ* ha smentito tutte queste affermazioni e asserisce di essere il bersaglio di una campagna di diffamazione.

Colpire il portafoglio

Inchieste come queste sono granelli di sabbia nell'immensa macchina del porno online, ma hanno il potere di inceppare qualche meccanismo. La reazione di *MindGeek* all'articolo di Kristof, che ha fatto tanto scalpore, è stata rigettare in blocco le accuse. Hanno sostenuto che per evitare questo genere di incidenti vengono prese tutte le necessarie precauzioni. Ma ormai era troppo tardi.

Nei giorni successivi alla pubblicazione dell'articolo, le maggiori carte di credito al mondo, Visa e Mastercard, annunciano che non onoreranno più le transazioni fatte su *Pornhub* e sugli altri siti di *MindGeek*. Nelle settimane seguenti vengono ritirate quasi dieci milioni di scene in cui il consenso o l'età dei protagonisti non sono verificati.

Nel febbraio del 2021, i capi di *MindGeek* vengono chiamati a testimoniare davanti a una commissione del Parlamento canadese. Se la cavano piuttosto male e fanno fatica a convincere l'uditorio della loro buona fede, quando assicurano che *MindGeek* si impegna sempre a verificare l'età dei visitatori, e anche quella dei giovani talenti che si esibiscono davanti alla telecamera.

Ma i problemi per loro non sono finiti. Nel giugno del 2022 un altro articolo, stavolta del «New Yorker», attacca il gruppo, sottolineando che le misure per evitare che vengano messi online video non consensuali sono inefficaci. Rivela anche che Visa e Mastercard sono ancora utilizzate dalla concessionaria pubblicitaria che vende spazi sui siti di *MindGeek*. Poi, negli Stati Uniti vengono intentate cause in cui alcune ragazze accusano *Pornhub* di essere complice dello sfruttamento di immagini di atti sessuali non consensuali. Intanto, online circola una petizione, che nel momento in cui questo libro va in stampa ha superato i due milioni di firme, per bandire *Pornhub*, una volta per tutte. E in questo periodo travagliato il traffico diminuisce sensibilmente.

Di fronte alla tempesta che si va addensando, nel giugno del 2022 si dimettono i dirigenti Antoon e Tassilo, e la società viene messa in vendita. È un affare azzardato, ma nel marzo del 2023 il fondo d'investimenti canadese *Ethical Capital Partners* tenta la sorte e prende il controllo di *MindGeek*. Nel comunicato che annuncia la vendita, i nuovi proprietari sottolineano che i siti del gruppo «forniscono intrattenimento di qualità per adulti, creato da e per adulti consenzienti». Garantiscono che l'impegno per adottare i protocolli migliori e più sicuri è continuo. E che mirano a restare «leader mondiali per la fiducia e la sicurezza, su piattaforme che siano spazi sessuali inclusivi e positivi per adulti».

Chi sono questi boy scout? La rispettabilissima società d'investimenti *Ethical Capital Partners* ha come presidente un canadese di origini italiane: Rocco Meliambro. Si è costruito una reputazione nella vendita di cannabis legale in Canada e il suo cognome, secondo il sito *Forebears* che ne traccia l'origine geografica, ha radici in Calabria. Poco altro si sa di lui, ma in un'intervista spiega le motivazioni della sua società per rivolgersi al settore del porno: erano in cerca di «opportunità di investimento in settori che richiedano una leadership etica».

Non è Meliambro, però, a metterci la faccia per tentare di restaurare l'immagine di *Pornhub*: con un colpo a effetto – e come sempre quando le cose si mettono male – per questa impresa viene chiamata una donna. Quando, nell'agosto del 2023 *MindGeek* manifesta la sua intenzione di rifarsi una verginità ribattezzandosi *Aylo*, come «Head of Community and Brand» del sito viene nominata la ex direttrice marketing Alexzandra Kekesi.

Al contrario di tutti gli altri grandi protagonisti del settore, che si sottraggono a ogni forma di notorietà, la foto di Kekesi viene spalmata su ogni possibile media online: occhi verdi, bocca rossa, sguardo intenso in una posa studiata che non suggerisce autorevolezza, ma una sorta di languida innocenza. Una così bella ragazza non potrebbe mai essere pericolosa per donne e bambini. E rassicuranti sono le sue parole: la missione che si è data, dichiara, è «aiutare la gente a capire cos'è il brand *Pornhub*, quali valori incarna, cosa rappresenta».

La nuova arma del colosso del porno è una donna vestita da capo a piedi, oltre alle molte e ramificate operazioni di lobbying e di manipolazione. Sullo sfondo di queste manovre si sente distintamente il rumore delle armi che si affilano, e la battaglia è solo all'inizio.

French Bukkake

In tutto il mondo esistono leggi che riguardano la pornografia. Impossibile entrare nel dettaglio, ma in molti Paesi è vietata. E dove è permessa le norme combattono le sue derive pericolose e criminali, prime fra tutte il traffico di esseri umani e la pedopornografia. Ciò, naturalmente, non impedisce ai consumatori di cercare questi prodotti (nemmeno là dove sono proibiti), e purtroppo non riesce a contrastare efficacemente le ampie sacche di illegalità.

Il traffico di persone si intreccia a quello di droga e di armi: le rotte sono le stesse e anche i delinquenti. È un mondo oscuro, in cui la maggior parte dei reati resta sommersa. Secondo stime prudenziali dell'Organizzazione Internazionale del

Lavoro (Oil), circa 28 milioni di persone sul pianeta sono sottoposte a lavoro forzato, di cui 6,3 milioni, in gran parte donne, sono costrette alla prostituzione o a un'altra forma di lavoro sessuale, come la pornografia. L'Oil invita i consumatori a prendere coscienza delle pratiche più dubbie dell'universo hardcore. Un pio desiderio, che sembra avere poca presa sulla realtà.

Un'indagine in Francia, conclusa nell'agosto del 2023, ha aperto il sipario su un retroscena inquietante. È la prima di questo genere in Europa: la chiamano «*affaire du French Bukkake*». Con «bukkake» si intende una raffica di eiaculazioni sul viso e sul corpo della donna. Condotta dalla sezione investigativa di Parigi della gendarmeria nazionale, l'inchiesta è riuscita a svelare un *modus operandi* criminale nel sistema di produzione e diffusione dei film porno.

In sintesi, diciassette persone sono state indagate con diversi capi d'accusa: violenza di gruppo, tratta aggravata di esseri umani, sfruttamento della prostituzione aggravato, riciclaggio, lavoro clandestino e «diffusione di registrazioni di immagini relative a un attentato volontario all'integrità della persona». Una sessantina di donne si sono costituite parte civile, dopo aver avuto il coraggio di denunciare. Oltre agli imputati, la stampa francese parla di cinquecento uomini identificati come coinvolti in varie sessioni di gang bang e bukkake, senza il consenso delle partecipanti. Anche loro potrebbero finire alla sbarra, ma l'inchiesta è ancora in corso.

Il piano era chiaro e consolidato. Il punto di partenza è la creazione su *Facebook* del profilo di una giovane donna, Axelle, una modella di successo che vive una vita da sogno tra gli Stati Uniti e l'Europa. Axelle stringe amicizia con altre ragazze che le confidano le loro preoccupazioni, soprattutto finanziarie. La falsa modella, che in realtà è un uomo, ne conquista la fiducia e infine propone una soluzione semplice ai loro guai: la prostituzione di lusso. Molte, alla fine, accettano. E ottengono un primo appuntamento con un misterioso cliente (proprio l'uomo che si cela dietro Axelle) in un hotel nella città di Reims. Alla donna adescata si chiede di prenotare e pagare la stanza, con la promessa che verrà rimborsata e compensata generosamente al termine dell'incontro. Per uno spettatore esterno e spassionato, è facile presagire il dramma.

Appena arrivata in camera, l'aspirante escort viene aggredita, violentata, sodomizzata e abbandonata, naturalmente senza soldi e in preda alla disperazione. Tornata a casa si rivolge all'amica di *Facebook*, Axelle, per capire cosa è successo e cercare un rimedio. Axelle è pronta a venirle in aiuto con quella che può sembrare una vera soluzione solo a una mente poco lucida. Propone infatti di recitare in una piccola produzione pornografica, riservata a qualche appassionato del genere, residente in Canada.

Le giovani donne (almeno una trentina delle quali sono state violentate da «Axelle» tra il 2013 e il 2019) cedono. Il delinquente le rassicura: sono scene classiche, rapide, e nessuno le vedrà al di fuori di un circolo ristretto. Ma per le vittime è una nuova discesa agli inferi. Vengono messe nelle mani di una rete di attori, produttori e distributori. I copioni possono variare, non ci sarà però mai una sola scena con pratiche comuni. A volte, si tratta di passare giorni di seguito in appartamenti di periferia o capannoni a essere violentate a turno da una successione di uomini, professionisti o dilettanti. Alcol e cocaina vengono forniti per facilitare le cose. Le lacrime, le suppliche non servono a nulla. Per molte, il percorso si conclude in ginocchio su un cuscino, in un magazzino abbandonato, circondate da una quarantina di uomini in calzini. Sono stati reclutati su siti specializzati o con il passaparola, e sono eccitati all'idea di sottomettere una donna a una fantasia oscena. L'esercizio può durare ore e il finale non cambia: bukkake.

Ma il calvario non finisce qui. Aggredite, violate, esibite, le giovani si rendono presto conto che i video sono stati caricati sui grandi siti di porno online. Ciò che resta della loro vita collassa, perché verranno facilmente riconosciute. Alcune perdono il lavoro, vengono rinnegate dalla famiglia, meditano il suicidio. Tentano invano di far rimuovere i filmati dai loro torturatori e si trovano sottoposte a ricatto, per denaro o favori sessuali.

In un lungo articolo, il quotidiano francese «Le Monde» ha denunciato il «*French Bukkake*» e ha concluso: «L'indagine documenta soprattutto il modo in cui questa industria, che genera molti soldi tra abbonamenti e pubblicità, è disposta a tutto quando si tratta di procurarsi la sua "materia prima": ragazze con una media di ventitré anni e mezzo, in situazioni di vulnerabilità e sessualmente inesperte, da sfruttare al massimo prima che, secondo le parole di uno dei produttori, siano "bruciate"».

È stato necessario il coraggio di una di loro, perché la polizia e la giustizia si mettessero in moto. La donna aveva ventitré anni nel 2016, quando è cominciata la sua tragedia. Anche lei, senza un soldo, è finita sotto il controllo di Axelle e ha compiuto tutto il tormentoso percorso appena descritto. Ha denunciato i fatti nel 2017 al procuratore di Bobigny ed è stata infine ascoltata dalla polizia nel 2018. Ma, come riferisce a «Le Monde», nessuno voleva crederle quando diceva di non essere una professionista: «Tutti mi hanno respinta, convinti che sia impossibile violentare un'attrice porno». Si è dovuto attendere il 2020 e l'apertura dell'indagine da parte della polizia di Parigi per scoprire che quello non era affatto un caso isolato. Altre denunce, inizialmente ignorate, hanno permesso agli investigatori di ricostruire uno schema di reclutamento, violenza e sfruttamento, smantellando una vera rete di pornografia criminale.

Basta questo per cambiare la natura profonda di un'industria che affonda le radici in una cultura secolare di dominio sulla donna? Il processo del «*French Bukkake*» potrebbe portare a un inizio di risposta.

7

Giù le mani dai minorenni

Il film *Pleasure* racconta di una ventenne svedese ben decisa a far carriera nel magico mondo del cinema hard. Sbarca a Los Angeles, affida la sua carriera a un agente e debutta in scene di sesso classiche. La regista di *Pleasure* è anche lei svedese, Ninja Thyberg, e i temi sono gli stessi del documentario *Hot Girls Wanted*: l'ambizione di costruirsi una vita, di guadagnare bene, di essere libera e famosa. Non mancano le sfumature psicologiche: dalla complicità-competizione tra le giovani aspiranti attrici al senso di appartenenza a una comunità percepita come *cool*, con le sue feste a base di alcol e droghe – e rigorosamente senza vestiti – a bordo piscina a Hollywood. Una vita più divertente che nella periferia di Göteborg, ma la pellicola di Ninja Thyberg non si ferma alla patinata apparenza.

La sceneggiatura, va detto, è chiaramente a tesi: una parabola tossica. L'eroina interpretata da Sofia Kappel, in arte Bella, ha una freschezza e un'innocenza molto ricercate da un'industria che si regge sulle continue novità. La sua prima sessione di bondage con un attore porno, il celebre Small Hands, è un'esperienza positiva: la produzione si preoccupa del suo benessere, controlla che le corde con cui è legata non siano troppo strette e che la brutalità del protagonista maschile sia solo a favore di telecamera. Ma la situazione cambia in fretta: la volta successiva, a Bella tocca una scena violenta e umiliante a tre: schiaffi, sputi, capelli tirati e ovviamente penetrazioni multiple, di cui il film ci fa grazia. A più riprese lei si rifiuta di andare avanti. Nel porno, però, come altrove, «*the show must go on*», soprattutto se vuoi essere pagata. La giovane donna ne esce sconvolta come da uno stupro, ma invece di cambiare strada decide di perseverare e di reagire. Vuole proprio diventare una pornostar.

È un agente, Mark Spiegler, a darle una lezione di realismo: è una sconosciuta, senza una presenza importante sui social media, senza follower. È chiaro che deve fare qualcosa per attirare l'attenzione nel *mare magnum* del sesso digitale. Bella capisce l'antifona e nel progetto successivo si esibisce di nuovo con due uomini: attori di colore. E il copione prevede una doppia penetrazione anale. Questo genere di scena è l'apoteosi di ogni singolo cliché razzista e misogino amato da un certo pubblico maschile: il corpo bianco e fragile di una biondina penetrato dai falli di due partner di colore superdotati. Bella soffre ma conquista la medaglia di attrice pornografica di valore, e l'agente la prende sotto la sua ala. Una vita nuova si apre davanti a lei, ora che ha rinunciato alle illusioni e ha accettato tutti i compromessi che questo mondo richiede. In un'ultima scena, indossando una cintura dildo, è lei che stupra e umilia l'attrice che è la star del momento. Quella di cui sogna di prendere il posto.

Questo film, ben accolto dalla critica, vuole far riflettere e aprire una finestra di verità. Bella, proprio come le ragazze di *Hot Girls Wanted*, non parla mai dell'avvenire, di ciò che si aspetta tra dieci o vent'anni. Vive nel presente, come richiesto da una pornografia che annulla il tempo – quello della seduzione, dell'erotismo, anche solo di una elementare costruzione narrativa – per immergersi in un «qui e ora» fatto di ripetizione meccanica di atti sessuali. Il titolo del film di Thyberg, *Pleasure*, evoca il controsenso di un sesso senza piacere. Non lo cerca Bella come non lo cercano i protagonisti maschili, alcuni dei quali devono farsi delle iniezioni nel pene per mantenere l'erezione abbastanza a lungo. È la magia del Caverject, un farmaco che veniva usato negli studi di andrologia e che oggi circola normalmente sui set: secondo il regista Mario Salieri ne fa uso il 95 per cento degli attori, e il risultato è stato aumentare in maniera esponenziale la concorrenza, dato che consente a tutti un livello di performance un tempo patrimonio di pochi.

Nel finale di *Pleasure*, nella lussuosa automobile che la riporta a Los Angeles, Bella si volta verso la sua ultima partner dicendo: «Mi spiace». L'altra non capisce. Di che cosa? Di averla stuprata con un dildo? Di averla schiaffeggiata? Di averle sputato in faccia? Era tutto come da copione. Forse Bella intendeva dire: mi dispiace averti soppiantata come star e attrice favorita del grande Mark Spiegler. Ma a Hollywood la ruota gira e nel mondo del porno, in particolare, la gloria è spesso effimera.

Considero *Pleasure* un film che per il suo realismo dovrebbe essere mostrato ai giovani. Certo, ci sono scene di nudo e di sesso, ma sono girate con intelligenza e la veloce apparizione di un pene eretto o di un paio di seni non dovrebbe sconvolgerci, quando una semplice ricerca su *Google* mostra video ben più espliciti. *Pleasure* sarebbe un ottimo punto di partenza per una conversazione approfondita che ponga le domande giuste: davvero pensate che questa sia una possibile strada verso l'emancipazione? Che sia una forma di libertà? Che sia un mestiere che potreste voler intraprendere? Allora, come in ogni scelta di carriera, osserviamo cosa comporta. Come vengono fabbricati questi prodotti di largo consumo, quali sono le condizioni di lavoro. Chiediamoci se davvero questa realtà – sessuale, relazionale, professionale – è lo specchio dei vostri sogni, nell'età in cui dovrebbero essere i sogni a forgiare la realtà.

Educazione sessuale cercasi

Nel febbraio del 2024, *Save the Children* pubblica un rapporto dal titolo *Le ragazze stanno bene?* che contiene un sondaggio condotto da *Ipsos* su un campione di ottocento tra ragazzi e ragazze tra i quattordici e i diciotto anni. Indaga il loro atteggiamento rispetto ai temi del controllo, del possesso e del consenso. Lo scopo è sondare la gravità della *dating violence*: la violenza psicologica esercitata sul partner. I modi sono molti: dal chiamare ripetutamente per sapere dov'è e cosa fa, al ricatto sentimentale, alle imposizioni su come vestirsi o chi frequentare, alle forme di violenza verbale fino a quella fisica. I dati sono preoccupanti: circa un giovane su tre considera la gelosia un segno di amore, e trova che sia lecito chiedere di rinunciare a un'amicizia non gradita. Il 21 per cento apprezza la condivisione di password e il 20 pensa sia normale domandare di geolocalizzare i propri spostamenti. Il 40 per cento dichiara di aver attivato un comportamento di controllo, e altrettanti di averlo subìto.

Un clamoroso 17 per cento non considera grave che in una relazione intima ogni tanto possa scapparci uno schiaffo. Un numero rilevante, pari al 90 per cento, si dichiara d'accordo sul dover chiedere il consenso esplicito prima di ogni rapporto. Ma per il 48 per cento è comunque molto difficile dire di no alla persona con cui stai stabilmente, e per il 36 per cento in questo caso il consenso è scontato.

Per il 54 per cento, chi manda foto intime accetta implicitamente il rischio che possano essere condivise con altri. D'altra parte, il 28 per cento ha dichiarato di averne inviate e circa uno su dieci ha ammesso di aver condiviso immagini senza permesso. È la cosiddetta vita «onlife», un neologismo che indica la modalità con cui ormai vivono le generazioni native digitali, in una commistione inestricabile di virtuale e reale. Un mondo del tutto nuovo, in cui sembrano però radicati stereotipi di genere che farebbero invidia ai nostri bisnonni, sui ruoli maschili e femminili, sulla gelosia e sul possesso.

Il rapporto di *Save the Children* si conclude con un'esortazione ai ministeri competenti, quello della Salute e quello dell'Istruzione e del Merito, affinché forniscano a educatori e docenti una formazione specifica per affrontare questi problemi; e con una raccomandazione al ministero della Famiglia perché promuova campagne informative rivolte ai ragazzi su cosa fare in caso di violenza. Ma di un'educazione sessuale e sentimentale che prenda in carico anche il rapporto tra i giovani e la pornografia non parla nessuno. Tutti troppo occupati a non guardare l'elefante nella stanza.

Abbiamo visto come l'Italia sia tra i maggiori consumatori mondiali di hard: statisticamente, ciò significa che molti genitori lo guardano, e così pure molti insegnanti. È chiara l'ipocrisia di fondo: come si può accusare la famiglia di mancato controllo sul supermercato del porno, se gli adulti ne sono i primi frequentatori? La famiglia certo può aiutare, ma non può essere risolutiva né diventare il capro espiatorio di tutti i problemi. Lo stesso vale per la scuola, che però può rendersi utile con lezioni sull'apparato riproduttivo, sulla contraccezione, sulle malattie sessualmente trasmissibili e sui meccanismi che regolano l'industria del porno. Lo chiedono a gran voce i ragazzi stessi.

Da una ricerca condotta nel 2023 da Durex in collaborazione con *Skuola.net*, su un campione di oltre 15.000 giovani tra gli undici e i ventiquattro anni, emerge il dato preoccupante che oltre la metà non usa il preservativo. Le informazioni su come prevenire gravidanze indesiderate e contagi per via sessuale sono molto scarse, e non c'è da stupirsene dato che il 45,3 per cento, per trovarle, si rivolge a internet. Una ricerca su questi temi ha buone probabilità di incontrare come risultati soprattutto siti porno, dove precauzioni e salute non sono certo il primo argomento. Disinformati, quindi, ma consapevoli e in cerca di rimedi: un notevole 93,7 per cento ritiene che l'educazione alla sessualità e all'affettività dovrebbe far parte del curriculum scolastico. Cosa aspettiamo?

Pornografia generalista

Non è facile, anche per gli studiosi, quantificare il consumo di porno online da parte dei minori e misurarne l'impatto. Le ragioni sono molte e la prima è culturale: difficile che su argomenti del genere si confidino con gli adulti, che condividano apertamente le informazioni su ciò che li attira, li eccita e dà loro piacere.

L'amore, come pure il sesso, è raccontato ed

esibito ovunque: dalle pubblicità ai libri, ai film, alle serie, ai podcast e così via. Il corpo nudo, o seminudo, viene mostrato a ogni angolo di strada. Paradossalmente, però, l'unico ambito in cui regna ancora il pudore su questi temi è quello educativo: tra le pareti domestiche c'è il timore di sbagliare, la paura di essere accusati di manie di controllo, il dubbio di non avere tutte le risposte. Poi c'è il peso della Chiesa cattolica e della doppia morale, soprattutto in un Paese come l'Italia.

Tuttavia, qualche tentativo viene fatto, vista la grande diffusione del porno online e il dilagare delle aggressioni tra i più giovani. Dalla ministra per la Famiglia Eugenia Roccella ai paladini dei movimenti pro-vita e pro-famiglia, in molti si sono scagliati contro la pornografia digitale, additandola come principale colpevole del degrado che conduce alle violenze e persino ai femminicidi. Cause, effetti e responsabilità non sono, però, così facili da individuare. Le letture ideologiche non mancano, e i pochi dati a disposizione vengono usati per tirare acqua al mulino di chi vorrebbe un impossibile ritorno a una ipotetica famiglia «tradizionale».

Nel 2019 il *Censis* ha analizzato un campione rappresentativo su scala nazionale di uomini e donne fra i diciotto e i quarant'anni. Non si trattava di uno studio accademico, ma di una ricerca commissionata dalla Bayer, uno dei grandi produttori di contraccettivi. Si possono leggere in questo rapporto alcune riflessioni di buonsenso, che ancora cinque anni dopo sembrano aliene ai nostri politici: «Il porno è visibilmente uscito dalla sfera del proibito, dello scandaloso, del disdicevole e perverso per diventare protagonista ed epicentro di una serie di pratiche molto diffuse nella sessualità quotidiana degli italiani». L'analisi conferma «lo sdoganamento completo della fruizione del porno», a prescindere da età, genere, appartenenza geografica e abitudini di consumo. Quasi il 69 per cento dei nostri connazionali tra i diciotto e i venticinque anni lo guardano da soli. La percentuale cala al 61 nell'insieme del campione dai diciotto ai quarant'anni, che lo fanno anche in coppia. Un'abitudine radicata, dunque, che viene acquisita già da teenager. L'inchiesta non distingue fra le pratiche degli uomini e delle donne, liquida il problema in un paragrafo: «E persino un universo controverso e tradizionalmente di fruizione maschile come la pornografia trova ora una collocazione significativa e stabile nella sessualità delle donne giovani e in quella delle coppie stabili». In conclusione: «I numeri impongono di parlare di porno di massa, in particolare tra i più giovani».

Qualunque sia la nostra opinione sull'effetto di un simile mutamento o sui valori morali in gioco, con questa evidenza bisogna fare i conti. Sottolinea ancora il *Censis*: «Colpisce l'assenza di pregiudizi e inibizioni negli intervistati, incluse le donne, nel raccontare (ovviamente in un contesto di anonimato) il rapporto con il porno, anche come gioco di complicità nelle coppie». Niente di strano e niente di male.

Tra partner stabili «la fruizione di video porno insieme è ormai una pratica radicata, così come quella di inviare immagini porno, registrare video e scattare foto durante gli atti sessuali, con il sexting che viene praticato regolarmente o di tanto in tanto dal 38,6 per cento di chi vive in coppia».

Dunque, le piattaforme di porno online sono integrate in un'offerta complessiva di intrattenimento generalista, ormai le usiamo per distrarci e per combattere la noia, da soli o in compagnia. E devono comportarsi come il resto dell'entertainment, rispettando le leggi e attenendosi alle norme su trasparenza, concorrenza, protezione delle minoranze e così via. Soprattutto, data questa lodevole «assenza di pregiudizi e inibizioni» che ci caratterizza, dovremmo cominciare a parlarne di più e con maggiore chiarezza, a livello istituzionale e a livello sociale. Ma di questo non c'è traccia.

Età media: dodici anni

Il rapporto di un istituto indipendente statunitense chiamato *Common Sense* ha raccolto nel settembre del 2022 le risposte di oltre 1.300 ragazzi e ragazze tra i tredici e i diciassette anni, di diversi gruppi etnici e sociali. I risultati parlano da soli: «La maggior parte degli adolescenti (73 per cento) ha riferito di aver consumato pornografia. Molti di questi (41 per cento) dicono di averne guardata in orario scolastico, circa uno su tre (31 per cento) lo ha fatto mentre era effettivamente a scuola e quasi la metà (44 per cento) su supporti telematici in dotazione all'istituto. Tra tutti i giovani che hanno preso parte all'inchiesta, la maggioranza (54 per cento) ha detto di aver guardato pornografia online per la prima volta a tredici anni o meno, incluso un 15 per cento che non aveva ancora compiuto gli undici anni». L'età media per il primo accesso al porno è di dodici anni.

Immaginiamo la scena: un dodicenne davanti al computer, tablet o smartphone, che osserva un primo piano di organi genitali in azione, con l'accompagnamento di gemiti, insulti, magari anche violenza. In dieci minuti, un'«educazione sessuale» che una volta richiedeva decisamente più tempo. Una visione della sessualità umana, delle sue pratiche e della sua finalità insieme molto dettagliata e disperatamente ristretta. Al di là dell'eccitazione del proibito, davvero un bambino o una bambina può trovare affascinante questo corpo a corpo? Magari invece correrà in bagno per chiudersi a chiave e controllare la propria dotazione: dovrei essere così anch'io?

Il rapporto di *Common Sense* interroga i partecipanti anche sul valore educativo di questi video. Il 79 per cento del campione afferma infatti di aver appreso grazie ai siti hard come fare sesso, e sempre il 79 per cento ha compreso in questo modo i dettagli anatomici del corpo umano. Il 73 ne ha ricavato informazioni su ciò che piacerà a loro e ai loro partner. Addirittura, «un desiderio di capire meglio le proprie preferenze sessuali era la ragione principale per consumare la pornografia». Il 27 per cento era convinto di trovarsi di fronte a «una rappresentazione accurata del modo in cui fa sesso la maggioranza delle persone».

Autodidatti dell'eros grazie alla pornografia. È vero che i ragazzi, da che mondo è mondo, per apprendere la ginnastica dell'amore seguono vie traverse: un tempo giornaletti, videocassette, dvd. Non è una novità che di sesso si parli il meno possibile a casa, per niente a scuola, tanto e male tra amici. Ma mi sembra preoccupante l'idea che possano considerare le attuali produzioni del porno online come una rappresentazione verosimile e non una fiction. L'obiettivo delle piattaforme hard non è l'educazione ma la massimizzazione del profitto, proprio come per una serie o un videogioco. Prendere per buone e vere queste narrazioni significa entrare in una distopia in cui, nella maggior parte dei casi, l'uomo è uno stallone con una donna al suo servizio.

Già, perché lo stesso rapporto riferisce: «La maggioranza degli adolescenti che hanno dichiarato di aver guardato porno è stata esposta a forme di pornografia aggressiva e/o violenta». Un allarmante 52 per cento ha detto di aver assistito a «stupro, soffocamento o sofferenza». Ad appena a uno su tre è sembrato che ci fosse consenso. Ho tenuto per ultimo un numero che possiamo considerare in positivo o in negativo. Tra gli adolescenti di sedici e diciassette anni, il 21 per cento «credeva che alla maggioranza delle persone piaccia essere picchiato durante il sesso». «Solo» un giovane su cinque arriva a pensare che la violenza sia un fattore positivo: un campanello d'allarme, e forse un dato non del tutto estraneo alle pratiche brutali che troppe donne si ritrovano poi a subire tra le pareti domestiche. Uno scenario del genere è il sintomo di una vera emergenza educativa.

Solo un gioco?

«Prendiamo *Game of Thrones*, *Il Trono di Spade*: ne ho viste tre puntate e poi ho smesso perché ero stufa di stupri, di pornografia.» La serie televisiva da record è stata anche criticata per il sesso esplicito e per le molte scene di violenza fisica e sessuale. «Quando ne ho parlato con le mie studentesse mi hanno detto: "Ok, boomer"» e qui, Rosi Braidotti si fa una risata. Seduta nella sua casa olandese in un sabato pomeriggio di gennaio, ha accettato di condividere con me la sua esperienza di filosofa, di femminista e di educatrice. Dottorato in Filosofia alla Sorbona, Braidotti, friulana di origine, è docente all'Università di Utrecht dal 1988 e ha fondato la Scuola olandese di ricerca in *Women's Studies*, dirigendola fino al 2005. Mentre parliamo, fa capolino nel video per un saluto sua moglie, Anneke Smelik, anche lei un'accademica.

La prospettiva di Rosi Braidotti è ricca e complessa, e include un prezioso osservatorio sulle giovani generazioni, che lei frequenta assiduamente come insegnante. E in cui nota un atteggiamento molto diverso, rispetto al nostro, nei confronti della violenza. «Uno spostamento della sensibilità» lo definisce. «Noi siamo cresciuti con Tom e Jerry, questi crescono con *Squid Game*» mi ricorda. «E lo vedono come una cosa distante, che non ha rapporti con la loro esistenza.» Per questo, sostiene, bisogna che l'educazione sessuale viaggi in parallelo a quella digitale, «perché è un gioco fino a un certo punto. Anche i club per scambisti degli anni Settanta lo erano, ma ti mettevi in gioco in un altro modo». Il mondo virtuale allenta i freni inibitori, consente comportamenti che sarebbero inaccettabili in quello reale. «C'è una specie di analfabetismo sulla distanza fra il reale e il virtuale.»

Questo si riflette anche sulle relazioni e sulle abitudini sessuali. Per esempio, dice, chiedere alle ragazze se consumino pornografia o in qualche modo propongano immagini esplicite è una domanda mal posta. Più logico è chiedere quale tipo di pornografia pratichino, e quanto spesso. Un buon esempio è il sexting, opzione di default, con varie gradazioni: «Non è che lo fai subito sul pesante, c'è una sequenza precisa. Come noi mandavamo i bigliettini, loro mandano una serie di immagini, in crescendo, oppure, se sono già convinte, passano subito alle più hard».

Uno sviluppo inevitabile e innocente? Non del tutto, perché, come abbiamo visto, l'universo digitale propizia pessimi incontri. «Quando le avverto che la violenza è in aumento, le studentesse mi rispondono che c'è sempre stata, e semplicemente oggi se ne parla di più. Ma io non sono d'accordo» osserva la professoressa Braidotti. Negli scenari tragici dei femminicidi che si susseguono a un ritmo preoccupante, sostiene, sono centrali «le narrative di una pornografia che mette al centro la violenza come se fosse un gioco, ma non lo è».

Gli effetti possono essere molto concreti. All'inizio di gennaio del 2024 la polizia britannica ha avviato un'indagine su uno stupro nel metaverso: durante un gioco immersivo nella realtà virtuale, l'avatar di una sedicenne è stato circondato e attaccato sessualmente da altri. Tutto «finto», ma la vittima è stata traumatizzata davvero. Su questo fronte, in molti hanno osservato che nei giochi di guerra al tuo personaggio può succedere ben di peggio, anche di rimanere ucciso. Ma il punto è che l'aggressione sessuale è inattesa, non certo prevista dalla «trama», e dunque costituisce un trauma. «È come il giorno dopo una sbornia o dopo un viaggio di Lsd» spiega Braidotti: la rottura brutale dell'emozione positiva del gioco mette in luce la mancanza di strumenti dei ragazzi nell'affrontare situazioni così complesse. «L'analfabetismo amoroso si rivela in tutta la sua miseria» conclude. «Per questo bisogna fare opera di educazione, sul desiderio e sul piacere, che sono due cose diverse. I giovani oggi sono grandi consumatori di corpi, senza esserne particolarmente innamorati né essere in un rapporto di desiderio. Sono anche grandi collezionisti di corpi. Molti hanno nel computer i cataloghi delle varie prestazioni sessuali che hanno fatto, dei vari partner che hanno avuto.» Di nuovo come nei giochi: si segnano i punti.

Non a caso non esistono immagini naturali nel mondo della generazione Z: «Non scattano mai una foto senza immediatamente ritoccare: c'è la rappresentazione e subito dopo la simulazione». E questo produce un immaginario sempre più aderente agli stereotipi e ai modelli dominanti: «C'è un editing della realtà che genera immagini che richiamano il vecchio inconscio libertino. Stiamo ancora con il Marchese de Sade, in pratica».

Questa manipolazione continua offre l'illusione di un controllo completo: invio le immagini che voglio, modificate come voglio. Peccato che poi il mercato ne possa fare l'uso che vuole.

La generazione Z in particolare vive immersa in questi scambi virtuali. E significativamente, spiega la professoressa Braidotti, quando poi si incontrano dal vivo «il massimo segno di amore, di rispetto per l'altro è spegnere il telefonino. Uscire dalla rete vuol dire che mi ami davvero».

Ma uscire dalla rete non è così facile. Intanto, nel silenzio della nostra assenza e in un buio illuminato da immagini pornografiche, le menti degli adolescenti partoriscono ansia e disagio.

8

(Dis)educazione sessuale

Nel marzo del 2023, il «Financial Times» suonava l'allarme sulla correlazione tra uso intensivo dei social media e salute mentale soprattutto dei più giovani: il 2010, notava, è stato l'anno della svolta. Da allora, per esempio, in Gran Bretagna è raddoppiata la percentuale di ragazzi che non si sentono attraenti; in Francia è quadruplicata l'incidenza della depressione nella fascia d'età tra i quindici e i ventiquattro anni; negli Stati Uniti è triplicato il numero di teenager che si incontrano di persona con gli amici solo una volta al mese. Tanto in Inghilterra quanto in America, il tasso di suicidi è aumentato esponenzialmente, e gli adolescenti che passano oltre cinque ore immersi nei social hanno una probabilità due-tre volte maggiore di ricorrere all'autolesionismo.

In Italia, Stefano Vicari, primario di neuropsichiatria dell'Ospedale Bambin Gesù di Roma, nell'ottobre del 2023 riferisce: «Il 70 per cento dei giovani che arrivano al nostro pronto soccorso ha compiuto atti di autolesionismo o tentativi di suicidio. E il 90 per cento sono ragazze». Secondo l'Organizzazione Mondiale della Sanità, la seconda causa di morte tra gli adolescenti è il suicidio, la prima sono gli incidenti stradali. Del disagio in crescita tra gli under-25 si dà spesso la colpa al Covid e al trauma del lockdown, ma con il ritorno alla normalità le richieste d'aiuto e l'incidenza di patologie psichiche non sono affatto diminuite.

Come ha sottolineato anche l'«International Journal of Sexual Health», «dato l'aumento della popolarità delle piattaforme digitali, da cui i giovani dipendono per le informazioni di base, Big Tech deve essere ritenuta responsabile del suo ruolo e del suo impatto sulla salute pubblica. E collabora infatti attivamente con esperti di salute sessuale per stabilire adeguate politiche di moderazione dei relativi contenuti online». Non sempre questa collaborazione funziona: è del febbraio del 2024 la decisione del sindaco di New York, Eric Adams, di sporgere denuncia contro i cinque principali social network (*Facebook*, *TikTok*, *Snapchat*, *Instagram* e *YouTube*), accusandoli di «aver alimentato una crisi nazionale sulla salute mentale dei giovani». Alla causa si sono uniti decine di istituti scolastici. Le spese pubbliche dell'amministrazione comunale per affrontare questa emergenza, puntualizza il sindaco, ammontano ormai a oltre 100 milioni l'anno. È ora che le grandi piattaforme contribuiscano a finanziare programmi di formazione per aiutare i ragazzi e le famiglie a utilizzare consapevolmente i loro prodotti, e a contrastarne gli effetti psicologici negativi. È anche urgente, secondo il sindaco Adams, incrementare studi e ricerche sulle conseguenze di lungo periodo dei social media.

In Italia, nella finanziaria del 2022 è previsto lo stanziamento di un milione di euro l'anno, per tre anni, per «la promozione di progetti educativi di alfabetizzazione mediatica e digitale a tutela dei minori». E subito dopo i fatti di Caivano il Decreto Legge 15/2023, il cosiddetto «Decreto Caivano», stabiliva che «è vietato l'accesso dei minori a contenuto a carattere pornografico» e imponeva ai «gestori di siti web e i fornitori delle piattaforme di contenuti video» l'obbligo di verificare l'età dei loro utenti. Al di là dell'appello ai genitori a scaricare le app di *parental control* oggi disponibili, però, un piano concreto per tradurre la legge in misure effettive non c'è ancora.

All'indomani dello stupro di Palermo, intervistata per un'inchiesta su «la Repubblica», Patrizia Romito, docente di Psicologia sociale all'Università degli Studi di Trieste, dichiarava: «Ciò che sta cambiando drammaticamente la sessualità negli adolescenti è la fruizione incontrollata della pornografia. Nel porno la donna è quasi sempre oggetto di violenza, lo stupro di gruppo addirittura una pratica esplicita, nella quale alla fine magari lei dice anche grazie». E lamentava la mancanza di spazi e progetti di educazione sessuale: «Nell'assenza di luoghi dove parlare liberamente di sesso, a cominciare dalla scuola, la rete resta la zona franca dove in un'età acerba i minori vengono a contatto con modelli di comportamento agghiaccianti». E pensare che la prima proposta di legge per istituire l'educazione sessuale a scuola è di quasi cinquant'anni fa: fu il Pci ad avanzarla nel 1975. Ma ci provò anche la democristiana Tina Anselmi che nel 1980 diceva: «La causa principale del disorientamento di cui è vittima il mondo giovanile va ricercata in una mancata o errata educazione. Il discorso sessuale non tocca solo la sfera privata, ma investe la cultura e la vita sociale». Se lo avevano capito i grandi partiti moralisti e bacchettoni di mezzo secolo fa, forse con uno sforzo ci arriveranno pure i Fratelli d'Italia e la Lega.

Anche perché nel frattempo il problema si è aggravato.

A portata di clic

L'intellettuale inglese Abbey Wright, direttrice di teatro, nell'ambito di un progetto con le scuole si è ritrovata a percorrere la Gran Bretagna tra il 2016 e il 2022, parlando con i ragazzi dell'impatto della pornografia sulle loro vite. Ne ha intervistati circa 10.000 ed ecco la sintesi: «*Too much, too young*». Wright ha ascoltato piccoli di sei o sette anni che raccontavano la loro esperienza con i pop-up comparsi improvvisamente sullo schermo: «Non mi piaceva granché» ha confidato una bambina. «Quando viene fuori una cosa del genere, mi metto a colorare.» Una classe di settenni di Edimburgo ha riassunto a modo suo la trama di uno di questi video indesiderati: «C'è una figura nuda e sta cercando di scappare. Non è colpa sua, ma non vuole, e ha lo smalto e le unghie tutte graffiate».

Dai nove agli undici anni, dice Wright, l'esposizione alla pornografia da occasionale diventa frequente. E, da teenager, è spesso uno strumento di autoistruzione, come le ha confidato un quattordicenne: «Sono gay e mi ricordo la prima volta che ho osato aprire i video che volevo guardare anziché quelli con le donne. È stato un sollievo gigantesco, è stato straordinario». Ma le soddisfazioni virtuali rischiano di sostituire quelle reali, osserva un sedicenne: «Avere una ragazza o un ragazzo è complicato, ma con la pornografia è a portata di clic. Tutto quello che vuoi, ovunque tu lo voglia, e si può fare da soli, senza nessuno, senza nemmeno uscire di casa».

Le esperienze a luci rosse dei giovani, conclude Wright, sono un universo in continuo cambiamento, e le sue 10.000 chiacchierate sono state una goccia in un mare sempre da esplorare. Ma proviamo a immaginare che, davvero, la pornografia educhi i giovani al sesso, oggi come ai tempi dei giornaletti consultati in segreto. La domanda è se quella online, indubbiamente più abbondante, di facile reperimento e più esplicita, porti a una sessualità più libera e ricca rispetto a quella delle generazioni precedenti. O se, al contrario, ci restituisca ragazzi disorientati, frustrati e più inclini a comportamenti rischiosi o violenti.

La seconda ipotesi sembra la più accreditata.

Sul quotidiano spagnolo «El País», per esempio, il sessuologo José Luis García spiega che le caratteristiche psicologiche, fisiche e sessuali dei bambini li rendono estremamente vulnerabili al consumo di pornografia, e dichiara: «Il porno è un manuale di istruzioni per le relazioni sessuali per i nostri ragazzi e ragazze. Lo ritengono del tutto normale. Non hanno altri modelli di comportamento sessuale». Mentre su Npr, radio nazionale pubblica americana, l'attrice e produttrice di film porno Jacky St. James suona l'altra campana: «La pornografia non è educazione sessuale e non dovrebbe mai essere vista in questa luce» sottolinea. «Vogliono darci la colpa di tutto e io non ho intenzione di assumermi questa responsabilità perché, alla fine, quella che noi creiamo è una fantasia.»

Fiction o realtà?

Una sintesi intelligente delle analisi già esistenti sulla pornografia di massa online è offerta da uno studio pubblicato dal gruppo *Springer* nel maggio del 2023. Anche gli autori Adam Gunnoo e Christopher Powell sottolineano che gli utenti più giovani fanno fatica a cogliere la differenza tra la sessualità reale e quella messa in scena, per un motivo molto semplice: gli attori fanno sesso davvero. Il rapporto in sé non è finzione, anche se lo è tutta la narrazione che lo circonda. In particolare, i comportamenti dei protagonisti, scrivono gli autori, sono «rappresentazioni sensazionalizzate del sesso che di frequente si richiamano a fantasie maschio-centriche di dominazione, con aggressività verbale e fisica contro le attrici che spesso non mostrano il consenso». In conclusione, i giovani spettatori sono spinti a convincersi che quelle azioni possano essere traslate nella loro quotidianità.

Sul «Corriere della Sera», a marzo del 2023, in un'intervista a Elvira Serra, Rocco Siffredi si mostra più ottimista: «Se un ragazzino guarda un film sull'Uomo Ragno o su Superman dopo non si convince di poter volare. Lo stesso vale per questi amanti da competizione, modelli lontanissimi dalla vita reale». Anche Mario Salieri è di questa opinione. Un conto, dice, è evitare di mostrare singole pratiche, come fa lui stesso nei suoi film: «Scatologia, pissing, sadomasochismo, sono tutte cose che sui miei set non esistono». Ma non per questo, aggiunge, il porno è di per sé diseducativo. «Quando io ero ragazzino nacque un filone di film di kung-fu, il cui interprete era Bruce Lee, e ricordo che noi tutti uscivamo dai cinema e facevamo a botte simulando le mosse di karate. Oggi cosa dovremmo fare? Censurare la fiction violenta in generale, quindi anche prodotti come *Gomorra* o *Suburra* o film di guerra particolarmente cruenti? Invece, ritengo sia necessario educare le persone alla visione della fiction.» Con gli onnipresenti cellulari e i videogiochi sempre più realistici e immersivi, sottolinea, si sono assottigliati i filtri tra visione e realtà. «Piuttosto che censurare, andrei ad agire su un fattore educativo» propone, «cioè insegnare a questi giovani che la fiction è fiction.»

Nell'eterna attesa che si lanci questo lavoro formativo di lungo periodo, gli spettatori più inesperti continuano a cadere nella trappola dell'effetto di realtà prodotto dal porno. E mentre nessuno di loro si sognerebbe di comportarsi come Iron Man, qualcuno pensa che abbia senso comportarsi come Rocco Siffredi. O peggio. Pensare che quella proposta dalla pornografia sia una forma accettabile di verità può avere effetti concreti sulle relazioni dei ragazzi: posizioni, fantasie e giochi sessuali anche estremi sono sempre ammessi tra adulti consenzienti, ma richiedono esperienza, intimità, conoscenza del proprio corpo e di quello degli altri. Tutta merce rara nel sesso adolescente.

Alessandra Graziottin, ginecologa e oncologa, che incontro a Roma, ha un occhio molto attento sui cambiamenti delle nuove generazioni. È vitale e solare, la professoressa Graziottin, con un ampio sorriso che non fa mai mancare alla conversazione, anche nel discutere gli argomenti più seri. Si occupa da sempre delle donne, in tutte le loro età, dall'adolescenza, alla maternità, alla menopausa, indagando non solo le disfunzioni sessuali ma anche le loro ansie e paure, grazie alla specializzazione in Psicoterapia. Ascoltandola mentre parla con passione e competenza non mi stupisce che in tante abbiano trovato in lei un porto sicuro. Una persona con cui tentare di risolvere difficoltà e problemi, anche tragici, che nella nostra società sono spesso considerati in qualche modo di serie B, «cose da donne».

Graziottin non ha dubbi sulla gravità della crisi sociale che viviamo, e sul fatto che la questione sia più complessa della semplice pornografia. Si va perdendo, sottolinea, «la componente di educazione dei sentimenti, degli affetti, del guardarsi negli occhi e sentire chi è l'altro, e ascoltarlo», in favore «della componente di reificazione dell'altro». I fatti di violenza che insanguinano le cronache vengono proprio da qui, dal considerare le persone come oggetti da usare. «Oggi mi sembra che lo stupro di gruppo sia diventato un rito d'iniziazione» osserva con amarezza. «Ed è una cosa pericolosissima. Lì è l'oggettualizzazione profanante più potente e indiscriminata, una responsabilità gravissima della nostra società perché quel corpo di ragazza abusato, oltraggiato, è profanato per sempre.»

Anche per la professoressa Graziottin, come per Rosi Braidotti, la pornografia online non è responsabile della violenza, ma è un aspetto del «trasloco» di tante nostre esperienze di relazione, che si stanno spostando dal mondo reale a quello virtuale, e viceversa. Compriamo online, ci incontriamo online, ci fidanziamo e ci lasciamo online. E questo rapido cambiamento rischia di sfuggirci di mano: secondo Graziottin, è «una deriva digitale che noi non controlliamo più».

Senza peli

L'incremento delle piattaforme visive, come *Instagram* e *TikTok*, rispetto a quelle testuali come *Facebook* e *X* (ex *Twitter*), non ha prodotto solo un'ondata di selfie dei propri piedi al mare e video di gatti che camminano sulla tastiera del pianoforte. Ha anche amplificato, come il più potente dei booster, le insicurezze adolescenziali, soprattutto femminili. Alessandra Graziottin riassume con lucidità questo processo: «La ragazza si fa il selfie, anche dei genitali o del seno, ma non lo posta perché non corrisponde – nemmeno dopo essere stato editato – all'ideale dell'io. Comincia poi la ricerca ossessiva del chirurgo che la renda più simile a quell'influencer, quella vip. E ciò denota una fragilità pazzesca: in quanto te stessa vali zero, puoi avere valore solo in quanto "clone di"».

È un desiderio di conformità che è sempre esistito e che fino a pochi anni fa produceva perlopiù interventi chirurgici al naso, o al seno. Ma oggi c'è una novità. «È solo recentissimamente che il genitale femminile torna a essere un oggetto di desiderio, un feticcio in varie declinazioni, e qui entra in gioco la pornografia» dice Graziottin. Perché se l'attrice o l'influencer possono essere il nostro modello per il viso, o le cosce o il seno, dove troviamo parti intime a cui ispirarci, se non nel porno? Così il consumo indiscriminato di siti hard crea un nuovo e fiorente mercato, quello della chirurgia estetica genitale.

Il corpo di una ragazza non sarà mai come quello

di professioniste che spesso si sono sottoposte a loro volta a più di un intervento, né la sua reazione ai goffi approcci sessuali di un coetaneo potrà essere l'estasi immediata. Quanto ai suddetti coetanei, non tutti saranno stati dotati dalla natura di attributi come quelli che vedono nei video. E ben difficilmente le loro performance, in particolare sul piano della durata, potranno approssimarsi a quegli exploit. Anche perché ciò che vedono è di solito, ripetitivamente, l'atto sessuale, in primo piano e decontestualizzato.

«Da qui l'aumento di richieste di interventi chirurgici, sia per ingrandire i genitali maschili sia per quelli femminili» spiega Graziottin. Per seguire gli standard del porno anche in riferimento al sesso orale, infatti, le ragazze si depilano integralmente. E la vagina, così nuda, oltre a privarsi di un importante elemento di difesa della pelle, mette in mostra tutte le sue differenze anatomiche da un ipotetico standard. «Le piccole labbra sono una linea più sottile e sono comprese all'interno delle grandi» illustra la professoressa. «Ma il 30 per cento della popolazione, normalmente, ha piccole labbra un po' più grandi. Non sto parlando di asimmetrie, solo di variabilità della norma.»

Purtroppo, discostarsi dalla media, nel mondo della perfezione virtuale e dei filtri bellezza, è vietato. Così si ricorre alla vaginoplastica, che *mutatis mutandis* somiglia in modo inquietante alla mutilazione genitale che ci fa giustamente orrore nelle tradizioni più tribali e retrive di altri popoli. «Ci metteremo il laser, ci possiamo raccontare tutto quello che vogliamo, ma questo è un intervento violento» osserva la ginecologa. E non privo di pericoli. «La riduzione del piacere dovrebbe essere minima, perché l'operazione non tocca i corpi cavernosi, bensì alcune terminazioni nervose: se fatto bene, dovrebbe essere senza conseguenze negative.» Ma può citare anche casi di plastiche andate male, che portano a dolori permanenti, all'impossibilità di avere rapporti per il resto della vita: la dimensione intima dell'esistenza rovinata per sempre. Per cosa? Per somigliare a una pornostar.

Pericolo incel

Il sesso è sempre stato, per gli adolescenti, un campo su cui provare il proprio valore: insicurezze, errori e ansie esistono dalla notte dei tempi. Oggi però è un campo minato. In cui si comincia a camminare da molto piccoli. «Giovani e giovanissimi, di dodici, tredici anni, hanno già rapporti, anche non abusanti: nei limiti di ciò che si può scegliere a quell'età, scelgono di farlo» conferma Graziottin. «Per esempio, fanno tantissimo sesso orale: le femmine ai maschi e viceversa, anche con penetrazione. Giocano al sesso come altri giocano alle bambole. Ha una valenza sperimentale, ma si tratta di una sperimentazione pericolosissima, fatta sul proprio corpo senza codici di lettura e senza aver ricevuto tutta una serie di informazioni per l'autoprotezione. È come mettere una Ferrari in mano a uno che non ha neanche preso la patente» conclude.

Non bisogna demonizzare la pornografia, concorda la professoressa: «Ha sempre fatto parte del mondo. Il problema oggi è la precocità d'inizio, e le dosi tossiche, per quantità e per brutalità di contenuti». Questo, avverte, «annulla lo spazio di crescita che va dai dieci anni – il tempo delle prime tempeste ormonali – ai sedici-diciassette, quando normalmente cominciano le esplorazioni sessuali». È proprio lo spazio «dell'immaginario, del sogno, del sentimento, del parlare magari tra amici», un momento importante per lo sviluppo e la socializzazione.

Insomma, a scopare s'impara – poco e male – ma il complesso universo della seduzione, del desiderio e del piacere non corrisponde certo a quello fittizio delle prestazioni erotiche di attori specializzati. Così, la pornografia contribuisce a creare generazioni di frustrati. O di solitari che rivolgono la loro disperazione contro se stessi o contro gli altri, soprattutto contro le giovani donne che non li capiscono, non li apprezzano e non vogliono andare a letto con loro. Nasce da qui, per esempio, il fenomeno «incel», i «celibi involontari», che ha provocato atti di estrema violenza.

Tutto è cominciato in modo innocente con il sito di una ventenne canadese di nome Alana: era il 1997 e non esistevano i social. Il sito si chiamava *Alana's Involuntary Celibacy Project* e si proponeva come uno spazio di discussione per persone come lei, con qualche difficoltà ad avere una relazione. Gente che anni prima non aveva tanto successo al liceo, o che da tempo non si innamorava, o che non riusciva a trovare un partner: persone normali, insomma. Lei li chiamava «incel», un'abbreviazione del nome del sito. Poi la vita ha fatto il suo corso, Alana si è fidanzata e quella parola, incel, l'avrebbe ritrovata più di quindici anni dopo, sulle pagine dei giornali.

Nel 2015, in California, lo studente universitario ventiduenne Elliot Rodger uccide sei persone a colpi di pistola e di coltello, e poi si suicida: il motivo è scritto in un lungo sfogo contro le donne, pieno di frustrazione per essere vergine. Nel 2018, in Canada, un uomo posta su *Facebook* un messaggio inneggiante a Rodger e alla «ribellione incel», si getta sulla folla a bordo di un camioncino e fa una strage: dieci morti. Da allora il movimento «dei celibi involontari» è cresciuto ed è diventato sempre più brutale, fino a essere definito come una vera e propria forma di «terrorismo misogino». C'è anche un caso italiano, quello di Antonio De Marco, che uccide a coltellate una coppia di fidanzati a Lecce nel settembre del 2020. Le idee espresse dagli incel sono tanto intricate quanto aberranti, ma il concetto chiave è semplice: il femminismo ha dotato le donne di un potere di scelta nei rapporti infinitamente maggiore a quello degli uomini, quindi bisogna tornare al patriarcato e sottometterle di nuovo. Così ogni uomo potrà avere una donna a disposizione.

Sottomissione e possesso, come abbiamo visto, sono elementi centrali in molte narrazioni pornografiche. Accettabili nell'ambito di un gioco erotico, pericolose se messe in mano a un gruppo di persone ossessionate dal sesso che non riescono a fare. Per categorie a rischio come queste, il mondo a luci rosse può diventare una realtà alternativa in cui rifugiarsi e, nei casi peggiori, una dipendenza.

C'è anche chi va all'estremo opposto: le cosiddette comunità «nofap», che promuovono l'astinenza totale dal porno e dalla masturbazione; *fap* è infatti il termine gergale per l'autoerotismo. I sostenitori del «nofap» lo considerano un rimedio per la dipendenza da pornografia. I detrattori avvertono che molte delle teorie proposte sui siti di questi gruppi sono antiscientifiche: c'è chi sostiene che dopo novanta giorni di astinenza il cervello si possa «riavviare» come un computer, che questa pratica faccia bene alla salute e renda più popolari con le donne. E se per alcuni il «nofap» può essere un tentativo di automiglioramento, per arrivare a una relazione più equilibrata con il porno e con il proprio corpo, altri cadono nella rete di gruppi religiosi ultraortodossi.

Secondo alcuni «nofap», masturbarsi è un gesto «beta», ossia indegno di un vero uomo, e c'è chi sposa le derive machiste per cui la crisi del maschio nella nostra società sarebbe da attribuire al femminismo. Così due mondi opposti finiscono per toccarsi: quello degli incel che fanno ampio uso di porno e quello dei nofap che lo demonizzano.

La dopamina del porno

Sull'esistenza o meno della dipendenza da porno il dibattito è aperto. C'è chi la assimila ad altre, come quella da stupefacenti o da alcol, o da gioco d'azzardo; come quest'ultimo, non implica l'assunzione di sostanze. Ma gli scienziati non hanno ancora raggiunto una conclusione condivisa.

Un articolo del maggio del 2023 sul sito della Bbc, sezione Scienza, riferisce i risultati di decenni di studi del professor Neil Malamuth dell'Università della California. Il docente ha analizzato le possibili correlazioni tra consumo massiccio di porno e comportamento maschile. Il risultato: «Atteggiamenti sessisti, atti coercitivi, azioni aggressive e altri esiti pericolosi». Centinaia di studi svolti tra il 1980 e il 2008, osserva Malamuth, hanno stabilito questo collegamento. Così come abbondano le analisi, effettuate grazie alla risonanza magnetica, sulle reazioni del cervello degli utenti abituali di porno: sembra funzionare, proprio come le droghe.

È chiaro l'effetto che le sostanze psicotrope hanno sulla chimica del cervello umano: quello del porno sarà diverso da quello di eroina o cocaina, ma secondo alcuni esperti l'esposizione ai video hard che garantiscono gratificazione immediata crea – specialmente negli adolescenti – una specifica connessione cerebrale (dovuta al rilascio di molecole come la dopamina) che può influenzare le nostre azioni. Il porno online, sterminato e ripetitivo, sarebbe particolarmente idoneo a produrre un comportamento compulsivo. È come con gli stupefacenti: raggiungi il livello di tolleranza ed entri nella dinamica dell'assuefazione, quello che guardi non ti soddisfa più, vai in cerca di nuove immagini sempre più esplicite e la spirale è innescata.

Inoltre, è accertato che la pornografia possa interagire con altre dipendenze, come osserva Alessandra Graziottin: «Nel momento in cui i ragazzi guardano il porno con un protagonista iper-performer, e sono magari degli eiaculatori precoci, cosa fanno? Bevono, perché l'alcol ha un effetto ansiolitico. Nel breve termine, funziona: hanno un rapporto, sentono che durano di più, e pensano di aver fatto la scelta giusta». Peccato che non sia così. «Questo provoca una dipendenza emozionale molto prima della dipendenza fisica. Se hanno la sensazione di durare il 30 per cento o il 20 per cento in più sotto effetto alcolico, quella bottiglia non la molleranno mai.» Gli anglosassoni chiamano *Dutch courage* l'abitudine di bere qualcosa di forte per affrontare situazioni che danno disagio, e anche questo non è certo un fenomeno nuovo. Quel che è cambiato è il livello di angoscia, e la desertificazione di tutti i correttivi sentimentali e relazionali. «Il ragazzo magari un po' più fragile, che comincia ad avere un eccesso di ansia da prestazione nella vita reale, non ha avuto l'educazione sentimentale necessaria per poter ridurre la distanza interpersonale senza zomparsi addosso» spiega Graziottin. Così, nel momento della «prestazione», quando magari l'eccesso di adrenalina gli dà, come dice lei, «un'erezione non eroica», rischia di scivolare in una dipendenza o di rinchiudersi in casa.

È questo, infatti, il problema: il porno ti porta da zero a cento, senza niente in mezzo. E se in piccole dosi è del tutto innocuo, in dose tossica e troppo precoce rischia di produrre quella che la ginecologa definisce in modo assai efficace una «amputazione dei codici amorosi». Una sorta di mutilazione sentimentale e sensoriale: «Abbiamo un'ipertrofia dell'area visiva, della corteccia occipitale, un'attivazione di circuiti di eccitazione che sono rinoencefalici, ma manca tutto quello straordinario apprendimento amoroso che viene dalla cenestesi, cioè dall'accarezzare l'altro, dal baciarlo, dall'abbracciarlo, dal leccarlo». Ne ricaviamo una sessualità amputata di codici importanti per la gratificazione nell'intimità reciproca: gusto, olfatto, tatto. E a ben vedere, anche in materia di udito il porno offre ben poco.

La via che Graziottin vede per contrastare questo impoverimento è cercare di riportare altre esperienze nella vita dei giovani. «L'elemento proibizione non va da nessuna parte. Nel momento in cui io ho un unico piacere, canalizzato sul porno precoce, anche vietandolo troverà mille vie sotterranee per emergere più forte. L'unica alternativa è dare loro, fin da piccoli, la possibilità di ricavare una gioia e una gratificazione fisica profonda dal proprio corpo. Vivendo la vita, facendo sport, musica, teatro, tutte quelle attività di espressione di sé, fisica ed emotiva, che ti portano a essere felice del tuo corpo, dei tuoi amici e di fare all'età giusta le esperienze giuste.»

9

Bella ciao

La differenza tra mostrare scene di sesso e fare pornografia è semplice: i soldi. Ecco perché la questione non è morale ma economica, e in questa chiave la analizzano da tempo le femministe. Tra loro si contano le più attive oppositrici del porno e le sue più fiere sostenitrici. Le une e le altre lavorano per inserirlo in un'analisi complessiva del sistema capitalista. È un dibattito ricco e appassionante, perché contiene tutti gli elementi della riflessione più generale sul ruolo delle donne nella nostra società: dominio, sfruttamento, violenza, umiliazione, impotenza o al contrario emancipazione, libertà, piacere, contestazione del modello patriarcale dominante. Bisogna ricordare che della platea del porno fanno parte, infatti, anche le donne.

Rosi Braidotti ricorda bene le *sex wars* che dilaniarono il campo femminista negli anni Ottanta e Novanta. Un acceso dibattito «su come interpretare non solo la pornografia stessa, ma anche il rapporto tra pornografia e prostituzione: scandaloso sfruttamento o regolare lavoro del sesso?». La posizione pro-hard, osserva, era quasi sacrilega: «Collegare la sessualità a rapporti di denaro significa sollevare un grande tabù. A me faceva orrore, ma detestavo ancor di più l'autoritarismo delle "vecchie" femministe». Le sembrava giusto portare il discorso su un campo più pragmatico. «L'idea di pretendere una retribuzione adeguata del lavoro del sesso mi fece riflettere molto. Quindi, in quegli anni, mi schierai con le femministe pro-sex e pro-porn.»

Su questo ampio fronte di battaglia, gli argomenti sono sempre volati come proiettili: vittimizzazione contro consenso, libertà di espressione contro repressione morale, sessualità prigioniera o liberata… La frangia pro-porno lo considera una via al *sex empowerment*, e rivendica il diritto delle donne ad accedere a qualsiasi tipo di carriera per sviluppare i propri talenti. La frangia anti-porno obietta che come tutti i prodotti – anche quelli culturali – i video hard sono creati nell'ambito di un sistema capitalista, basato sullo sfruttamento dei lavoratori: non c'è spazio, dunque, per alcuna forma di autodeterminazione, tantomeno femminile.

Secondo Braidotti, non si tratta necessariamente di un lavoro alienante: dipende da come viene praticato e regolato. «Offre anche margini di *empowerment*, specialmente se eseguito da minoranze e dall'arcobaleno del popolo Lgbtqia+» osserva. Imparare ad amare e fare sesso con qualcuno fuori dal quadro «classico», mi fa notare, non è così facile.

«Come sempre gioca moltissimo la curiosità, ma a volte non basta. Le persone etero sono circondate da rappresentazioni, non solo pornografiche, della loro sessualità, ma i soggetti più fluidi o trasgressivi no.» A loro, quindi, servono davvero immagini di una sessualità simile alla propria. «La pornografia ludica, proto-pedagogica, è molto importante per la comunità Lgbtqia+. Dove ovviamente è praticata in piena libertà» conclude Braidotti.

Tuttavia, anche lei vede bene il dilagare delle forme più dannose e il loro impatto sull'immagine del rapporto tra i generi. «I corpi reali che subiscono quelle azioni sono svuotati di senso e valore» spiega. «Così si avvilisce tutto il genere umano, non solo quello femminile. Porno uccide Eros: il sesso diventa solo un mezzo violento per esercitare dominio e prepotenza, anche tramite la tecnologia, ma non solo.»

Così, quello che è stato un potente fattore di emancipazione, soprattutto per le donne, si trasforma in una nuova forma di schiavitù, con la complicità delle logiche di mercato. L'oggetto della pornografia, cioè il piacere, è rappresentato nella forma più banale e «commercializzabile», localizzato in organi specifici che vengono mostrati in azione. Questo, conclude la filosofa, è il cuore dell'alienazione che viviamo: «Sostituire l'aspirazione profonda a vivere e gioire della propria esistenza con beni di consumo. E far entrare la sessualità in questo scambio di merci.»

L'esplosione dei prodotti a luci rosse online, anche secondo lei, si inserisce appieno nel sistema capitalista maturo e contribuisce a finanziarlo. Dunque, i primi «oppositori» alle derive negative della pornografia sono proprio i *sex workers*, quando si impegnano per una distribuzione più equa dei profitti, per condizioni di lavoro migliori o per vedere rispettato il diritto d'autore.

In questo senso, *OnlyFans* e i social, che mirano alla disintermediazione, dovrebbero garantire ai creator un miglior controllo del proprio destino. Ma come abbiamo visto, la questione è più complessa e le distorsioni del mercato non si raddrizzano a colpi di buone intenzioni. Violenza e sfruttamento sono difficili da estirpare e le prime vittime sono sempre le donne.

Un interessante articolo pubblicato su «Le Monde» il 6 gennaio 2024 entra nelle vite di tre consumatrici di porno. Ammettono con franchezza che si masturbano spesso davanti a scene di sesso in cui le attrici sono dominate, usate e a volte anche malmenate. Ma il piacere lascia in fretta il posto a un certo disgusto, e al senso di colpa.

«Da quando avevo vent'anni guardo video porno con donne rifatte e uomini dai falli enormi. Da qualche anno tengo una borsa dell'acqua calda sulla pancia per combattere la nausea se compare una scena di doppia penetrazione, schiaffi o eiaculazioni facciali multiple» sostiene Olga, che aggiunge un sentimento nuovo, la paura. «Quando ero più giovane, una gang bang poteva eccitarmi. Oggi vedo la minaccia che questi uomini rappresentano per la donna. Credo che una parte di me abbia paura che mi possa eccitare una scena in cui una donna viene trattata senza rispetto.»

A letto col patriarcato

È degli anni Settanta lo slogan della scrittrice e attivista americana Robin Morgan: «La pornografia è la teoria, lo stupro è la pratica», che ha due possibili letture. La prima: l'esposizione a scene pornografiche inciterebbe a una maggiore violenza contro le donne. La seconda, ancora più dura: dal momento che il consenso di un'attrice è condizionato da fattori economici che neutralizzano la sua libertà di scelta, il suo «sì» non vale, dunque il porno è uno stupro.

Due interpretazioni controverse, cui non mancano le obiezioni. È difficile dimostrare, statistiche alla mano, che l'invasione del porno nelle nostre società coincida con un aumento degli stupri. Però, tra il copione tipico di un video hard e il modello patriarcale tradizionale c'è qualche somiglianza: l'uomo è dominante e la donna è sottomessa.

Nell'indagine dell'*Istat* pubblicata nel novembre del 2023, si vede come la violenza contro le donne in Italia sia direttamente legata a una cultura machista. Le possibili cause più spesso citate sono «la considerazione della donna come oggetto di proprietà (83,3 per cento), il bisogno dell'uomo di sentirsi superiore alla moglie/compagna (75,9 per cento), la difficoltà dell'uomo a gestire la rabbia (75,1 per cento)». La pornografia non è menzionata nell'indagine, ma può solo avallare stereotipi già radicati in un substrato di cultura maschilista che ancora permane fortemente nel nostro Paese.

Per quanto riguarda il consenso, anche qui serve un giusto equilibrio. Le femministe più radicali, come l'attivista americana Andrea Dworkin, consideravano addirittura l'atto sessuale in sé come un'espressione di dominazione del maschio, anche all'interno di una relazione amorosa condivisa. Nel suo libro del 1981 *Pornography. Men Possessing Women*, Dworkin scrive: «Il potere maschile [...] è violento e ossessivo; nessuna percezione di un altro essere modifica mai il suo comportamento o lo persuade ad abbandonare la violenza come forma di autogratificazione». Secondo alcune delle sue compagne di lotta, tutti gli elementi costitutivi dello stupro erano comunque presenti nelle relazioni eterosessuali, e l'unica via di liberazione per le donne era l'omosessualità. E Dworkin aggiungeva: «Il potere maschile è la ragione d'essere della pornografia; la degradazione della donna è il mezzo per raggiungerlo».

Il pensiero femminista pro-porno a cui accennava Braidotti, invece, si è sviluppato soprattutto durante l'età dell'oro negli Stati Uniti. Se c'è il consenso dell'attrice, si tratta semplicemente di una libera forma di espressione. Secondo alcune la pornografia, soprattutto quando è prodotta da e per le donne, non mortifica necessariamente l'erotismo. E tanto meglio se può aiutare a contrastare modelli e stereotipi nocivi, purché non ne produca altri. In quest'ottica, poiché rivendica il piacere femminile, rappresenta una forma di sfida all'ordine patriarcale. Una delle possibili vie all'emancipazione.

Ricordo quando da ragazza lessi in una rivista femminista un'intervista a una prostituta. Diceva che per lei era come spegnere e accendere l'interruttore della luce: quando lavorava, la sensibilità del suo corpo veniva interrotta e poi alla fine del «turno» poteva premere di nuovo il tasto on per tornare alla «normalità». Mi chiedo se accada lo stesso anche a chi deve affrontare performance a luci rosse, spesso estreme. Secondo Rosi Braidotti, questa alternanza on-off è complicata. «Non capisco come si possa distaccarsi in questo modo dalla propria sessualità» dice, ma aggiunge che il problema dell'uso e abuso dei corpi si è ormai esteso ben oltre questi confini. «Esiste un settore della popolazione noto come "proletariato digitale", che coincide col proprio corpo», cioè ne fa uno strumento di lavoro e di guadagno, l'unico. Un esempio comune e più socialmente accettabile sono le badanti, ma c'è anche un sottobosco assai più inquietante: «Ho avuto studenti in Sudafrica che per mantenersi vendevano un rene, o lo sperma, o si offrivano come madri surrogate: sono il nuovo proletariato». Un'economia postumana che rimette al centro il corpo, con varie declinazioni di sfruttamento. Proprio come fanno le dinamiche più estreme della pornografia. «Sono realtà molto dolorose, molto reali, che noi nel femminismo incontriamo regolarmente» annuisce Braidotti. «Per questo sono diventata una feroce socialdemocratica: date a queste persone dei diritti, pagatele bene, fate loro versare le tasse come le *sex workers* di Amsterdam, fino all'ultimo centesimo. Protezione sociale, assistenza sanitaria e dignità.»

Un'importante battaglia femminista è infatti quella per la sindacalizzazione dei lavoratori e delle lavoratrici del sesso, dal momento che diritti, tutele sanitarie e sociali e libera possibilità di associazione sono garantiti in teoria, ma non sempre nella pratica. Invece, in quanto mestiere lecito che dà di che vivere a molte persone, è giusto che i *sex workers* non vengano sottoposti a discriminazioni o vessazioni per presunte questioni morali.

Il fronte dei moralisti

La battaglia sul campo hard, va detto, crea strani compagni di letto. Le femministe anti-porno si ritrovano infatti, soprattutto negli Stati Uniti, sulle stesse barricate dei moralisti religiosi che sul genere e sul sesso hanno opinioni diametralmente opposte. È una strana alleanza, quella con chi condanna in blocco l'aborto, l'omosessualità, il sesso fuori dal matrimonio e persino, in alcuni casi, la contraccezione.

Il desiderio e il piacere femminili fanno paura

da sempre alle religioni monoteiste – cristianesimo, ebraismo, islam – nelle loro versioni ultraortodosse. Ricordiamo bene le polemiche suscitate dal divieto del preservativo nel periodo in cui l'Aids mieteva vittime in tutto il mondo. È chiaro che il porno in queste realtà è considerato sterco del demonio. Oltre a questa condanna tombale, però, in genere non si va: anche nelle istituzioni religiose non ferve il dibattito su un fenomeno che invece – inutile si illudano del contrario – riguarda le vite di molti fedeli.

Per rompere il silenzio, c'è voluto il coraggio di papa Francesco, che nell'udienza del 17 gennaio 2024 ha ammonito con chiarezza i fedeli. «Il piacere sessuale, che è un dono di Dio, è minato dalla pornografia: soddisfacimento senza relazione che può generare forme di dipendenza.» Non è la prima volta che il pontefice si esprime con grande franchezza su questa materia così controversa: nell'ottobre del 2022 ha dichiarato a una platea di seminaristi: «È un vizio che ha tanta gente, tanti laici, tante laiche, e anche sacerdoti e suore. Il diavolo entra da lì. E non parlo soltanto della pornografia criminale come quella degli abusi dei bambini, dove tu vedi in vivo casi di abusi: questa è già degenerazione. Ma della pornografia un po' "normale". Cari fratelli, state attenti a questo». Alcuni mesi prima, davanti all'associazione delle famiglie cattoliche in Europa, aveva già chiarito: «Parliamo inoltre della piaga della pornografia, che è diffusa ormai ovunque tramite la rete: va denunciata come un attacco permanente alla dignità dell'uomo e della donna. Si tratta non soltanto di proteggere i bambini – compito urgente delle autorità e di noi tutti –, ma anche di dichiarare la pornografia come una minaccia per la salute pubblica».

Le sue idee sono condivise da altre realtà. Negli Stati Uniti, per esempio, da anni esiste una «crociata» contro il mondo del porno. Il Paese che ne ha scatenato la produzione e la diffusione è anche in prima linea nel contrastarlo. L'associazione *Fight the New Drug*, che si dichiara «apolitica e laica» ma è accusata di avere un approccio ideologico e vicino ai gruppi religiosi più ortodossi, sostiene che «decenni di studi da parte di istituzioni rispettate hanno dimostrato impatti significativi del consumo di pornografia su individui, relazioni e società». Ed elenca i diversi presunti effetti collaterali: dipendenza, modifiche dei circuiti neuronali, impatto negativo sulle relazioni intime nella vita reale e, naturalmente, aumento della violenza sessuale, calo del desiderio, senso di inadeguatezza, solitudine… «I pornografi competono per l'attenzione dei consumatori spostando costantemente i limiti e rompendo i tabù» osserva *Fight the New Drug*, e cita studi secondo cui nei video più visti «le donne erano bersaglio di aggressioni o violenze circa il 97 per cento delle volte», e uno su otto «descriveva atti di violenza sessuale». Il loro approccio è indubbiamente eccessivo: considerare la pornografia tutta uguale e tutta dannosa non rende giustizia né a chi la fa né a chi la consuma. La questione cruciale resta quella dei minorenni.

Altre organizzazioni come *Your Brain on Porn* o *Exodus Cry* si uniscono al coro. Secondo la prima, gli adolescenti che consumano molta pornografia online «possono sviluppare valori e credenze sessuali irrealistici», e sono a rischio di «un aumento dei comportamenti sessualmente aggressivi». *Exodus*, dal canto suo, denuncia con forza il *trafficking*, ovvero le varie forme di sfruttamento delle donne e dei minori. Ricorda infatti che l'industria del settore, guidata dalla domanda degli uomini, «necessita di un costante rifornimento di donne e bambini venduti per il profitto di protettori, trafficanti e altri soggetti predatori».

Anche in Italia, il fuoco di sbarramento più accanito contro il porno online si registra sul fronte dei media cattolici e di associazioni ultraconservatrici come *Pro Vita & Famiglia*. Resta del tutto illogico che, mentre tuonano contro le distorsioni prodotte dalla pornografia, rigettino con decisione il più ovvio rimedio: l'istruzione. Questi gruppi si oppongono a qualunque progetto di educazione sessuale e sentimentale, considerata un veicolo di «ipersessualizzazione dei bambini», o un cavallo di Troia per imporre la «cultura gender», grande spauracchio delle destre oggi al potere. Ma i problemi non si risolvono negandoli, né limitando libertà e diritti.

Penso che ci sia una parte di verità negli allarmi delle associazioni anti-porno, anche se la solidità scientifica delle loro conclusioni è tutta da dimostrare. Ma c'è anche una parte di ipocrisia, perché molte di loro appartengono politicamente al campo della destra morale. La destra, sul piano economico, predilige un mercato senza vincoli, che si regola da solo e in cui lo Stato deve mettere bocca il meno possibile. Ebbene, il supermarket del porno è esattamente questo: legale, funzionale, trionfante, una fonte di profitto enorme per gli investitori. È anche uno straordinario veicolo di controllo delle masse attraverso il consumo di un prodotto con una forte capacità di standardizzazione dei comportamenti. La destra del «Dio, Patria e famiglia» lo condanna ma evita di portare lo scontro sul campo decisivo, quello economico.

Quanto alla sinistra, dovrebbe uscire dal suo silenzio. E interessarsi di più al porno all'interno di battaglie fondamentali: per l'istruzione nelle scuole, la prevenzione della violenza contro le donne, i diritti delle minoranze, la parità di genere, la formazione alla cultura digitale e la salute pubblica. Perché in tutti questi campi il nuovo sistema pornografico ha un impatto che non si può più ignorare.

10

Porno artificiale

Secondo la celebre «Regola 34» di internet, se qualcosa esiste ne esiste anche la versione porno. L'intelligenza artificiale (AI) non fa eccezione. Sono già innumerevoli i personaggi, per la stragrande maggioranza femminili, creati digitalmente per eseguire gli ordini dei loro programmatori, o degli utenti, o di algoritmi che riproducono le sceneggiature a luci rosse più classiche. Secondo i dati più recenti pubblicati dal «Washington Post» nel novembre del 2023, sui quaranta siti più frequentati che offrono porno «finto» sono stati caricati in quell'anno 143.000 video generati dall'AI, che hanno ricevuto 4,2 miliardi di visite.

L'ingresso dell'intelligenza artificiale nel mondo hard pone una serie di questioni. Una delle più importanti è l'accelerazione del processo di smaterializzazione della sessualità, già ben avviato a partire dalla grande diffusione del porno hentai, fatto cioè nello stile dei fumetti giapponesi. Se il porno tradizionale oggettifica il corpo, quello generato dall'AI lo disincarna. E permette all'utente un'esperienza sensoriale e interattiva immersiva, grazie a strumenti sempre più sofisticati. Con quel corpo, letteralmente, può fare ciò che vuole.

Si tratta di una sfida anche dal punto di vista legale: come difendere i minori e le persone più vulnerabili da rappresentazioni che non hanno più nulla a che vedere con la realtà degli umani, dei loro limiti fisici, dei confini di ciò che è possibile e accettabile? Non ci sono regole contro la violenza inflitta a schiavi digitali, ma sempre di violenza – agita, mostrata, replicata – si tratta. Ed è interessante capire cosa ne pensino i protagonisti veri del porno.

Le attrici più informate approfittano delle nuove tecnologie per creare propri cloni online, che possano sostituirle nel duro lavoro quotidiano. Nel numero di ottobre del 2023 della rivista «Dazed» leggo la testimonianza di Sika Moon, artista di Berlino molto presente sui siti come *OnlyFans*. Attiva dal 2018, anche lei conferma che si guadagna bene, ma con fatica: «Gestire i profili, chattare con i fan, produrre foto e video per tutte le piattaforme e i social è un lavoro che occupa sedici ore al giorno, sette giorni su sette» spiega. «Dopo cinque anni di profitti molto buoni, ho deciso che bastava così, mi sono fermata prima di avere un esaurimento.» Poi, Sika ha scoperto le potenzialità dell'intelligenza artificiale, e ha creato un proprio avatar che ha messo a disposizione dei siti specializzati affinché interagisse direttamente con i clienti. La Sika virtuale ha raccolto in breve 200.000 follower su *Instagram*, e quella reale ha ricominciato a guadagnare e riposa sugli allori.

Al di là di queste storie a lieto fine, lo sfruttamento è sempre dietro l'angolo. Come illustra «Dazed»: «Anche se il porno generato è un *fake*, il generatore è stato addestrato per produrlo usando video di *sex workers* veri, presi senza il loro consenso». L'AI, insomma, anche in questo settore utilizza la vasta mole di materiale disponibile sul web senza che vengano pagati i relativi diritti.

Il Far West dell'AI

L'Unione europea a marzo del 2024 ha varato il primo quadro giuridico al mondo in materia di intelligenza artificiale, mirato a definire requisiti e obblighi chiari per i suoi sviluppatori e operatori e a limitare i possibili rischi delle sue applicazioni. In particolare, non è facile immaginare il futuro dell'accoppiata porno-AI. Si tratta di una nuova frontiera selvaggia, come la definisce «Dazed», un Far West in cui le domande sull'autenticità e sull'identità, figurarsi quelle sul consenso, suonano del tutto fuori luogo. «Per ora, dipende dagli utenti essere abbastanza informati da non confondere una modella generata dall'intelligenza artificiale con una donna vera. E da sapere, se scelgono la prima opzione, che potrebbero ritrovarsi a chattare con un tizio qualunque. A meno che non si prendano la briga di assicurarsi che il creatore dell'AI sia anche effettivamente un *sex worker*».

Leggendo articoli e studi sull'argomento, si ripropone la ben nota dicotomia di Umberto Eco tra «apocalittici» e «integrati». Gli ottimisti assicurano che gli umani hanno un vantaggio competitivo e che lo manterranno. Scrive «Dazed»: «Una macchina non potrà mai riprodurre la sensualità, né offrire la connessione umana che molte persone chiedono ai creator. Ecco perché, a dispetto di una popolarità di nicchia, è impensabile un mondo in cui le fidanzate virtuali e i bordelli popolati da robot e bambole rimpiazzeranno la vera intimità tra esseri umani». Con buona pace del pensiero positivo, però, non credo si possano facilmente accantonare le tesi più pessimiste: il porno online ha già cambiato in profondità le nostre relazioni intime, e le interazioni con l'AI sono un passo ancora inedito in questa direzione.

I timori dei pessimisti mi sembrano confermati, per ora, dal fenomeno del deepfake porno, ovvero la creazione di foto e video in cui il viso di una persona vera viene associato al corpo di una modella virtuale. Una forma particolarmente straziante è costituita dai «ghostbot», che utilizzano immagini di chi non c'è più, vere e proprie reincarnazioni digitali.

Secondo un rapporto del 2023 dell'azienda di sicurezza digitale *Home Security Heroes*, «il numero totale di video deepfake online è di 95.820, con un incremento del 550 per cento dal 2019». In quell'anno, infatti, il fenomeno ha cominciato a diventare tangibile e misurabile. Ovviamente, «il 98 per cento di questi video è pornografico» e «il 99 per cento delle persone rappresentate sono donne». La diffusione è concentrata per la maggior parte su siti specializzati, ma i deepfake abbondano anche sulle grandi piattaforme generaliste, dove i sistemi di controllo sono molto permeabili. Chiunque può procurarsi su internet un programma per produrli, dopodiché il grado di verosimiglianza dipenderà dalla qualità del software e dall'abilità del falsario.

Quelli che una volta erano i fotomontaggi, spesso ben riconoscibili, ora sembrano veri. E difficilmente le intenzioni sono innocenti: si può andare dalla satira più spinta a motivazioni criminali come il ricatto, fino alla vendetta e alla volontà di colpire o compromettere un avversario. Una deriva che ha raggiunto proporzioni inquietanti, con migliaia di vittime, che siano studenti perseguitati da un compagno malevolo o note attrici che si ritrovano in situazioni più che sgradevoli. Nei soli Stati Uniti, secondo i dati dell'Fbi riportati dal «Washington Post», nei primi otto mesi del 2023, 26.800 persone hanno sporto denuncia per *sextortion*, una richiesta di riscatto per eliminare dalla rete un deepfake pornografico. Il fenomeno è cresciuto del 149 per cento dal 2019. In Italia, la stessa Giorgia Meloni ne è stata vittima nel 2020, a opera di due sassaresi, ha denunciato e il processo è in corso. Oltreoceano, ha fatto notizia il recente coinvolgimento della popolarissima cantante Taylor

Swift, che si è ritrovata protagonista di un'enorme quantità di falsi video hard. Si è mobilitato anche il Senato americano, dove è allo studio un progetto di legge contro la diffusione di deepfake pornografici non consensuali. Un'impresa tutt'altro che semplice.

In Italia, questa pratica è punita con pene dai tre mesi ai sei anni di reclusione sotto la fattispecie della diffamazione aggravata. Anche da noi questi reati sono in aumento, e spesso si tratta di revenge porn. Nel 2021 l'associazione *Visionari*, che promuove un uso responsabile e corretto della scienza e della tecnologia, ha offerto in occasione della Giornata Internazionale della Donna una serie di consigli per tutelarsi: tra questi, limitare l'accesso alle proprie foto sui social solo ad amici e parenti; non inviarle a sconosciuti sulle app di messaggistica; non utilizzare le app che ci mostrano ringiovaniti o invecchiati: sembrano giochi innocui, in realtà raccolgono i nostri dati biometrici che possono finire in mani sbagliate.

Quest'ultimo avvertimento, ampiamente disatteso non solo dai più giovani, apre un altro fronte caldo. Quello dell'uso e abuso dei nostri dati.

Il mare magnum dei dati personali

L'industria del porno digitale è pioniera nella raccolta di dati personali di chi frequenta i suoi siti: con metafore alquanto retrò, questa attività è chiamata *data mining* o *data harvesting*. Lo streaming, la distribuzione e consumo permanente di contenuti digitali, è uno snodo fondamentale: i contenuti entrano e i dati escono. E vengono utilizzati per offrire nuovi prodotti modellati su target specifici.

Capire sempre meglio i desideri del consumatore permette alle aziende più grandi di mantenere una posizione dominante in un mercato molto competitivo: raccolgono enormi quantità di dati, a discapito delle più piccole che non riescono a stare al passo. È così che dall'inizio degli anni Duemila si affermano anche nel porno le mega-concentrazioni: oligopoli come *MindGeek* e *WGCZ*, campioni di *data harvesting*. Come scrive Aisha Hassan in un articolo di qualche anno fa per la rivista «Quartz», *MindGeek* usa una tecnica chiamata *data-driven authorship* (autorialità basata sui dati), grazie alla quale produce contenuti tagliati su misura per gli utenti, studiandone le preferenze. Non si limitano a osservare quali video scegli: analizzano i punti in cui metti in pausa, le scene che salti, quelle su cui torni. Raccolgono persino i dettagli sugli abiti degli attori e sul tipo di arredi (per quanto in genere scarsi). La maggior parte delle persone tiene aperti più video porno contemporaneamente, passando dall'uno all'altro, e questo dà la possibilità di accumulare ancora più informazioni, ancora più rapidamente.

La rivista cita un docente dell'Università della California, Kal Raustiala, che spiega perché *MindGeek* ha un considerevole vantaggio sulle altre piattaforme di streaming, come per esempio *Netflix*: «Una stagione di *The Crown* con dieci episodi» osserva «è una produzione molto costosa in cui ogni puntata dura un'ora. I video su un sito come *Pornhub* sono di diverse lunghezze, ma la media è di venti minuti. Un utente in genere ci passa solo dieci minuti e in quel lasso di tempo si muove tra diversi filmati, quindi *MindGeek* può raccogliere da ciascuno una quantità straordinaria di dati». Per avere un'idea: *MindGeek* produce oggi oltre quattrocento film al mese, con un costo che varia tra i 5.000 e gli 8.000 dollari l'uno. Lavora regolarmente con un certo numero di producer, che introducono nei copioni e nelle scene dettagli specifici studiati sui gusti dei vari target.

Questa capacità quasi unica dei giganti del porno di ottenere e usare i dati personali dovrebbe preoccupare innanzitutto gli utenti. Un primo problema è la vulnerabilità agli hacker: più di quanto accada per altri siti, una sola «retata» riuscita può portare un tesoro di informazioni nelle mani di truffatori e ricattatori. Un secondo e più grave problema sta nella creazione e diffusione di modelli di comportamento sessuale che vengono man mano normalizzati: sesso di gruppo, violento, non protetto, uso di droghe. Gli algoritmi registrano il gradimento di questi contenuti e influenzano di conseguenza la produzione, facendoli entrare nei consumi quotidiani della maggioranza. È la classica profezia che si autoavvera: le grandi piattaforme determinano i modelli dominanti, li affermano e grazie al conseguente picco di visualizzazioni li consolidano. E diventano punto di riferimento per i comportamenti sessuali nelle nostre società.

I servi del porno

In breve, la pornografia digitale ha più potere sulle nostre vite di quanto pensiamo, anche quando ne siamo utenti occasionali e distratti. E il silenzio che circonda questa realtà non fa altro che accrescerne il potere, generando attraverso i social una legione di fornitori inconsapevoli e gratuiti.

Abbiamo visto quanto siano diffusi fotografie e filmati intimi o erotici, che siano selfie o di coppia. In teoria sono destinati al partner, o al proprio gruppo ristretto di amici. Rispondono al desiderio di accettazione, di ammirazione, di provocazione, o semplicemente a un bisogno di comunicazione. Ma nel mondo del *data harvesting* e della cultura della condivisione con un clic, la privacy non esiste. Ciò che è inviato anche una sola volta è già pubblico, o può diventarlo facilmente. Questo non sembra essere un problema per migliaia di ragazze e ragazzi che sottopongono al giudizio degli influencer, o dei propri follower, foto di peni, seni, sederi e vagine come se si trattasse di immagini qualunque.

Non lo sono, e non per ragioni morali: trovo stupefacente che generazioni così smart, e così a loro agio negli ambienti digitali, non se ne rendano conto. Quei selfie a contenuto sessuale sono merci. Prodotti che portano guadagni a qualcuno, e che loro offrono con disarmante ingenuità. C'è chi la chiama emancipazione, chi sostiene che esporsi nudi sui social network sia un modo di esercitare la propria libertà di «soggetti sessuali». Non dubito che questa sia l'intenzione. Ma la realtà è che si diventa «oggetti sessuali», per di più gratuiti, comprati e venduti, utilizzati e riproposti da un sistema che fa dello sfruttamento la parola d'ordine.

I dati personali sono ovviamente anche merce di scambio. Nel luglio del 2023, il Garante per la privacy italiano ha chiesto alla società cipriota che gestisce *Pornhub* di chiarire se la versione italiana del sito effettui profilazioni degli utenti, e se sì come e con quali finalità. Sembra una domanda retorica, ma sono in molti a illudersi che i giganti del porno tengano per sé le informazioni su di noi. Invece le vendono ai «data broker» il cui mestiere è raccogliere, analizzare e mettere a sistema dettagli provenienti da fonti diverse (piattaforme online, archivi pubblici, transazioni commerciali).

I clienti dei data broker sono molti: grandi aziende, agenzie pubblicitarie, partiti politici. In nessun caso le informazioni che seminiamo nella rete restano dove le avevamo lasciate in prima istanza. Un'inchiesta condotta da «SageJournal», rivista specializzata in ricerche scientifiche, ha analizzato le implicazioni del tracking effettuato dalle piattaforme hard. Scrivono gli autori: «La nostra analisi di 22.484 siti pornografici indica che il 93 per cento passa i dati degli utenti a terzi». Illegale? Niente affatto: è dichiarato apertamente nelle policy sulla privacy. Ovvero, quei documenti che non leggiamo mai, limitandoci a un clic distratto, e che magari non capiremmo comunque, come nota l'articolo: «Sono scritti in modo tale che per comprenderli occorrono almeno due anni di istruzione superiore». E tanto tempo di lettura.

Le principali compagnie di data brokering «creano dossier personali che rivendono a loro volta a chiunque, da singoli individui alle agenzie di rating del credito alle aziende di marketing. Anche quelle che ci appaiono come informazioni frammentarie sulle nostre abitudini di consumo, in teoria anonime, una volta risucchiate nei potenti archivi dei data broker possono essere utilizzate per costruire profili su persone con nomi e cognomi».

Nel gennaio del 2023, il prestigioso think tank americano *Council of Foreign Relations* ha pubblicato un'analisi dal titolo: *I dati sono il nuovo oro, ma potrebbero minacciare la democrazia e la dignità*. Non c'è limite, fa notare, a ciò che condividiamo: dalla geolocalizzazione al ciclo mestruale o ai partner sessuali. «Ogni giorno, dati personali vengono raccolti, comprati e venduti. Oltre a violare la nostra privacy, questo uso che ne viene fatto per altri scopi mina la nostra sicurezza. Immagini e altro possono essere utilizzati in modi non autorizzati e anche fraudolenti, per esempio alimentare i deepfake.»

Nelle sue conclusioni, il *Council of Foreign Relations* propone di riconoscere tra i diritti civili previsti dalla

Costituzione anche quello alla privacy, insieme a quello all'integrità fisica, alla libertà di pensiero e di espressione. In questo modo «le aziende sarebbero costrette a proteggere le informazioni, invece di trarne profitto».

Finché questo non accade, è evidente che una simile capacità di manipolazione influenza profondamente la convivenza sociale e la vita politica.

Prove di contrasto

È chiaro a questo punto che, per ora, anche le iniziative prese contro la pornografia hanno sbagliato bersaglio. L'esigenza di imbrigliare il grande potere di questo settore non riguarda affatto la morale: riguarda la democrazia.

Tralasciamo i Paesi in cui produzione, diffusione o anche possesso di questo genere di materiale sono vietati. Sono gli stessi che limitano i diritti fondamentali. Nelle società occidentali, come gli Stati Uniti o l'Europa, la pornografia è legale, conta numerosi consumatori, e va semplicemente trattata come un fenomeno sociale e di mercato.

La legge, come abbiamo visto, se ne interessa in casi specifici. La pedopornografia, che è reato; lo sfruttamento di persone vulnerabili, assimilato allo stupro; infine i deepfake, il revenge porn e ogni forma di uso non autorizzato di immagini intime di una persona. Per tutte queste fattispecie, i sistemi giudiziari dei Paesi più sviluppati hanno previsto norme che perlomeno esistono, per quanto sia spesso difficile applicarle. C'è poi l'annosa questione della verifica dell'età degli utenti. Come evitare che la prima fonte di informazioni sul sesso, per individui spesso poco più che bambini, siano i portali pornografici liberi e gratuiti?

Gli Stati Uniti, la Gran Bretagna e l'Australia prevedono già sistemi di verifica dell'età o si stanno attrezzando in questo senso. Le piattaforme stesse sarebbero obbligate a installare un filtro che richiede all'utente di presentare un documento attestante la maggiore età. E possono incorrere in sanzioni se non compiono questa verifica, o se dopo averla fatta trattengono dati personali.

Lodevole tentativo, con due difetti: pone problemi legali e non funziona. Lo vediamo nei singoli Stati americani – Louisiana, Virginia, Mississippi, Utah, Texas, Arkansas e Montana – dove esiste già una legge in proposito. In Virginia, *Pornhub* non ha voluto adeguarsi alle nuove normative e piuttosto ha cessato il servizio: chi cerca di connettersi da lì viene accolto da una celebre attrice hard, Cherie DeVille, per una volta vestita, che spiega con una grande bugia: «Fornire la carta d'identità ogni volta che si vuole visitare una piattaforma per adulti non è la soluzione più efficace per proteggere i nostri utenti, e di fatto mette a rischio i bambini e la vostra privacy».

Questa menzogna sulla privacy è possibile perché l'interpretazione del concetto di *free speech*, libertà d'espressione, in America è molto estesa e quindi manipolabile. Tanto che la lobby che a Washington rappresenta l'industria hard si chiama addirittura *Free Speech Coalition*. Sostiene che le norme sulla verifica dell'età «presentano significativi problemi pratici, tecnici e legali che minano la loro efficacia nella protezione dei bambini, creano seri rischi per la privacy e violano i diritti costituzionali degli americani». Primo fra tutti, appunto, la libertà d'espressione. Viene anche sottolineato che le leggi della maggior parte dei Paesi occidentali attribuiscono la responsabilità sui contenuti ai produttori e non ai distributori: gli aggregatori non sono che intermediari, senza funzioni editoriali. Mi pare un argomento fallace, considerando che le grandi piattaforme ormai controllano le case di produzione, ma il dibattito giuridico è aperto.

Anche nel Vecchio Continente si cercano soluzioni. A dicembre del 2023, tre dei maggiori siti per adulti – *Pornhub*, *Stripchat* e *XVideos* – sono stati inseriti dalla Commissione europea tra quelli che dovranno applicare le regole più severe previste dal *Digital Services Act*, in materia di tutela dei minori e contrasto alla diffusione di contenuti illegali. Sono più rigorose anche le norme sulla trasparenza, con l'obbligo di sottoporsi ogni anno a un audit esterno. In caso siano accertate violazioni, le multe possono essere pesanti: fino al 6 per cento del fatturato annuo globale. Non è una misura antiporno: questo genere di sorveglianza è già esercitato sui grandi player della rete che abbiano oltre

45 milioni di utenti attivi in Europa, come *Google* e *Amazon* e social come *Facebook* e *TikTok*. È questione di dimensioni: i siti per adulti sono cresciuti al punto da raggiungere la fatidica soglia oltre la quale vengono considerati dall'Ue «di importanza sistemica».

La protesta di *Pornhub* è stata immediata: l'azienda ha sostenuto di avere «solo» 33 milioni di utenti in Europa, e di non ricadere quindi nella categoria dei siti «da attenzionare». Il terreno scivoloso, naturalmente, è sulla controversa interpretazione del concetto di «utente». A prescindere da come e quanto sarà possibile – ed efficace – applicare il *Digital Services Act*, la buona notizia è la presa di coscienza a livello europeo delle dimensioni del fenomeno del porno online, della necessità di comprenderne meglio la portata e gli effetti e controllarne le distorsioni.

Parental control

Esiste la possibilità di aggirare una qualsiasi legge che proibisca ai minori l'accesso ai siti porno. Basta effettuare l'accesso tramite Vpn (Virtual private network), una rete privata digitale che crea una connessione non tracciabile tra internet e il computer, tablet, o smartphone. La Vpn è un'applicazione disponibile online che si può installare facilmente e che protegge completamente la vostra identità, inclusa la localizzazione del punto di accesso alla rete. Magari abitate in Virginia, dove *Pornhub* in teoria ha cessato il servizio, ma la Vpn vi localizza da un'altra parte. E il gioco è fatto.

Ci sarebbe, è vero, la tecnologia del riconoscimento facciale. Ci sono app che permettono di risalire, da un'istantanea di qualcuno, a tutte le immagini online in cui quella persona appare, rintracciando così i suoi profili social, informazioni personali ed eventualmente identificandola nel materiale esplicito che ha girato. A parte l'assoluta cautela con cui i Paesi democratici valutano le possibili criticità di questa tecnologia, anche le stesse società che l'hanno sviluppata, come *Meta* o *Google*, hanno espresso inquietudine per il suo potenziale. Per esempio, gli occhiali che permettono il riconoscimento facciale creeranno un mondo in cui nessuno avrà più diritto all'anonimato.

C'è chi pensa, tuttavia, che sarebbe un metodo possibile per individuare e bloccare l'accesso ai siti porno da parte di minorenni. L'autorità governativa delle telecomunicazioni del Regno Unito, Office of Communications, lo sta prendendo in considerazione. Immediate le reazioni di allarme: se la telecamera del computer di casa è «addestrata» a scansionarti il viso quando accedi a un sito hard, quanto puoi essere sicuro che, una volta stabilita la tua età, non risalga anche a tutte le altre informazioni accessibili grazie al riconoscimento facciale? Gli inglesi, da sempre paladini della privacy, sono insorti al pensiero che il governo possa trovarsi in mano così tanti dati sensibili sui suoi cittadini, e non hanno tutti i torti. Ovvio corollario è il timore che sempre più utenti si rivolgeranno ai siti illegali e al dark web, dove nessuno ti chiede niente e nessuno può controllare, alimentando così il mercato criminale.

Anche in Italia si avanza qualche proposta. Dal 21 novembre 2023, secondo le nuove regole dell'Autorità per le Garanzie nelle Comunicazioni, una sim intestata al minore, o che include offerte specificamente dedicate a minorenni, sarà preimpostata per non avere accesso a «contenuti inappropriati». In pratica, gli operatori dovranno fornire gratuitamente sistemi di *parental control*. Nella lista di Agcom delle categorie da bloccare compare ovviamente la pornografia, ma sta poi ai singoli provider stilare l'elenco preciso dei contenuti inaccessibili.

I problemi però sono due. Il primo è capire se il sistema funzioni davvero. Il secondo è, data l'ampiezza delle categorie, la grande libertà lasciata alle società, tutte private, nel decidere cosa consentire e cosa no. Tra i «contenuti sessuali», per esempio, possono essere rubricate anche l'educazione sessuale e la promozione della diversità di genere. Si ripropone quindi con forza il problema del conflitto tra protezione e censura, tra libertà d'espressione e tutela dei più fragili. Chi controlla i controllori?

E così, si torna all'educazione, araba fenice di ogni discussione sul porno. Perché è chiaro che le risposte tecnologiche da sole falliscono, e che la situazione attuale richiede una riflessione più ampia e una risposta più globale.

Che fare?

Il problema non è tecnologico, ma politico. Il dibattito da affrontare è quello sul tipo di società in cui vogliamo vivere e far crescere le nuove generazioni.

La pornografia, come la prostituzione, è sempre esistita, come pure la violenza e lo sfruttamento del corpo, soprattutto femminile, ma mai nella storia ha raggiunto dimensioni come quelle attuali. Per la prima volta ci troviamo di fronte a un sistema globale – industriale, economico, finanziario – che produce e distribuisce una quantità di materiale sessuale così grande da poter trasformare la percezione collettiva delle relazioni intime.

Il porno digitale di massa si innesta inoltre su un contesto sempre più reazionario, in cui vengono minacciati anche diritti civili che pensavamo acquisiti per sempre. E questo è un elemento del drammatico ritorno al passato che stiamo vivendo, di cui siamo quasi tutti complici: chi tace sul problema, dai media alle istituzioni; chi entra in questo mercato da consumatore inconsapevole; chi lo alimenta in modo malaccorto, fornendo gratuitamente le proprie immagini da mercificare.

L'universo hard, con i suoi oligopoli, la falsa libertà dei professionisti indipendenti, il frequente sfruttamento della vulnerabilità economica dei lavoratori del sesso, è l'espressione perfetta di un capitalismo ultraliberista e senza regole. La rete doveva essere la grande agorà del dibattito collettivo e troppo spesso è invece la cassa di risonanza di manipolazioni e dinamiche di disintegrazione sociale, che sono terreno fertile per i regimi autoritari. Il porno online si trova proprio alla confluenza di questo capitalismo senza limiti etici con le derive totalitarie senza inibizioni.

Quello che incombe è un futuro fatto di molte solitudini individuali. La cui estrema degenerazione è una distopia paradossale in cui la dimensione pubblica è azzerata, ma non esiste una dimensione privata perché tutto è online. In cui si passa la vita chiusi in casa, ma senza privacy. In cui tutto è monetizzato e il gioco dell'erotismo diventa una trappola culturale e di sfruttamento.

È questo il futuro che vogliamo? O lo possiamo scongiurare?

Il piacere è politica

A chi spetta la responsabilità di contrastare gli effetti dannosi della pornografia online? In molti rispondono: ai genitori. L'idea non mi convince. Certo, è giusto che controllino ciò che fanno i loro figli, ma è assurdo pensare di schierarli da soli in prima linea contro un fenomeno globale come quello che abbiamo descritto, con una simile potenza tecnologica ed economica. Per lo stesso motivo, non può farcela da sola la scuola.

In un mondo in cui ogni adolescente ha in tasca uno smartphone, è irrealistico supporre di poter monitorare in modo efficace quali siti visita e quando. Certo, ci sono strategie di contenimento dei danni, spesso applicate: non si compra il cellulare prima di una certa età, lo si requisisce all'ingresso in classe e a casa la sera prima di andare a letto. Ma le proibizioni, lo sappiamo, raramente funzionano con i ragazzi, la curiosità è più forte ed esplorare un territorio sconosciuto è una motivazione potente per violare i divieti. Lo abbiamo fatto tutti.

Come osserva Emily Dreyfuss sul «New York Times» all'inizio di gennaio del 2024, quando i giovani vanno in rete entrano in un mondo molto diverso da quello che vediamo noi adulti. È popolato di influencer intenti a vendere prodotti, creare mode, consolidare abitudini di consumo. Racconta Dreyfuss parlando di suo figlio: «Grazie agli algoritmi e al targeting, io vedo video sul miglior fertilizzante per il prato o le maschere e i laser antirughe, ma Ian viene rimpinzato di recensioni di sigarette elettroniche, mentre splendide donne giocano d'azzardo in diretta usando criptovalute, e lo invitano a unirsi a loro». Lo sanno tutti: genitori, scuole, istituzioni. Eppure, «il tema del marketing degli influencer rivolto agli adolescenti, persino riguardo a prodotti che danno dipendenza – regolamentati per legge –, cade in un abisso legislativo e tecnico così profondo che ci stiamo perdendo dentro tutta la prossima generazione».

Il porno è proprio uno di questi «prodotti». Occorre che le istituzioni e i governi elaborino un programma di soluzioni pratiche. Serve in Italia un *sexual new deal*, una rivoluzione culturale ed economica che riporti al centro del villaggio globale il sesso come fonte di piacere, e neutralizzi la prepotenza della rappresentazione artificiale proposta da troppa pornografia digitale.

Per far questo sono indispensabili due risorse che scarseggiano: determinazione a risolvere il problema e unità d'intenti.

La proposta è quindi di mettere innanzitutto da parte le ideologie e le molte ipocrisie che ci affliggono quando affrontiamo questo tema. E di concentrarci, per cominciare, su due aspetti che possono trovarci tutti d'accordo: no al consumo di porno online da parte dei minori; sì a uno studio più ampio e diffuso del fenomeno.

Il Paese è maturo per avviare una simile riflessione collettiva. Anche con l'aiuto degli ex «cattivi ragazzi».

Siffredi scende in campo

Il 23 dicembre 2023 accendo la tv sull'ultima puntata di *Ballando con le stelle*. So che sarà presente in studio Rocco Siffredi: è infatti arrivato in finale suo figlio Lorenzo Tano. La grande star del porno, in prima serata su Rai1, il canale pubblico tradizionalista per eccellenza. Rocco è lì in veste di padre accorato, con accanto la moglie in versione first-lady. Un'operazione di porn-washing che promette bene, e che proseguirà tre mesi più tardi con *Supersex*, l'agiografica serie di *Netflix*.

Rocco sale sul palco, abbraccia il figlio, scoppia in lacrime. Ringrazia il programma per aver dato a Lorenzo «una possibilità di tornare a vivere». Un po' melodrammatico, ma in effetti il figlio di tanto padre è un ragazzo beneducato e un po' schivo di cui possiamo immaginare l'adolescenza non semplice. «Io personalmente mi sento un pelino responsabile per via del mio lavoro» confessa Siffredi in un'intervista per il programma.

Non è la prima volta che fa pubblica ammenda. In una conversazione con «Libero», nell'estate del 2023, dopo i fatti di Caivano, aveva avanzato una proposta radicale: «Blocchiamo tutti i siti porno in rete. Se necessario, mi offro come portavoce e accetterei anche la chiusura del mio sito. Per aiutare i giovani questo e altro. Io mi sento un po' responsabile di ciò che sta accadendo. Più come padre che come pornostar». Soluzione che ha il merito della franchezza, e che costituirebbe una specie di harakiri per un uomo che sul mito della propria virilità e sul sesso senza freni ha costruito una vita e una carriera. Beata saggezza dei sessant'anni. Ma è una strada alquanto impraticabile: servirebbe infatti un accordo mondiale, e una forma di censura che verrebbe portata in tribunale nella maggioranza dei Paesi in cui la libertà d'espressione è considerata un diritto inalienabile.

Resta interessante il ragionamento che Siffredi sviluppa per arrivare a questa proposta. Il porno, dice, non è il sesso reale: si tratta di fiction. Bisogna farlo capire a tutti coloro che lo consumano senza limiti sugli smartphone, specialmente ai più giovani. È amareggiato, Rocco: vorrebbe andare nelle scuole per mettere in guardia le nuove generazioni contro i danni di un uso massiccio e acritico del porno gratuito online. «La verità è che i ragazzi non si sentono rappresentati da nessuno che possa spiegargli i pericoli che incontrano in rete. Si trovano a navigare in un oceano di pescecani senza che nessuno possa dirgli come difendersi» osserva l'attore. Auspica «un passo indietro» dal modello di distribuzione selvaggia oggi applicato, e il suo tono si fa quasi elegiaco: «Ricorda quando i giovani, prima di internet, trovavano la cassetta Vhs del padre nascosta e la vedevano? Quando nei cinema ci andavano gli amatori del porno? Vorrei tornare a quei tempi. Sarebbe una salvezza per i nostri giovani. Il porno non va demonizzato, ma non può essere accessibile senza la giusta consapevolezza». Formula infine i suoi comandamenti: «Meno social e più rapporti umani. Non seguite le mode e non siate pecore. Usate il vostro cervello e cercate di vivere la vostra sessualità, non quella che vi viene proposta. E non dimenticate la libertà che abbiamo ottenuto fino a oggi. Non perdiamola, non perdetela!».

Benvenuto nel club dei non-moralisti preoccupati. Forse questi segni di ravvedimento hanno qualche motivazione in più, visto che i nuovi aggregatori di porno gratuito hanno distrutto il modello economico su cui si basava il suo lavoro. Avremmo potuto parlarne, se avesse trovato il coraggio di sostenere un'intervista, ma è erroneamente convinto che io abbia una posizione anti-porno.

Pagare il porno

Per parafrasare il famoso motto anglosassone, «*No such thing as a free lunch*», non esiste porno gratis. Lo abbiamo visto nella nostra esplorazione di questo complesso settore: qualcuno, da qualche parte e in qualche modo, sta sicuramente pagando un prezzo per quelli che possono sembrarci dieci minuti di innocuo piacere. Allo stesso modo, non esiste porno «sicuro», come dimostra il fallimento dei metodi finora tentati per verificare l'età dei consumatori. Per questo, si dovrebbe cominciare abolendo la gratuità dell'accesso alle piattaforme pornografiche. Anziché inserire una password, deve essere necessario inserire una carta di credito. Pay-per-view, sempre e in ogni caso. È già un'opzione, per i servizi premium dei grandi aggregatori o per quelli personalizzati su *OnlyFans*. Deve diventare l'unica opzione disponibile. Ci piace il porno? Nessun problema: insieme agli abbonamenti a *Netflix* o ad *Amazon Prime*, inseriamo nel bilancio famigliare quello a *Pornhub*.

È una proposta sensata per molte ovvie ragioni. Per accedere ai servizi non gratuiti occorre una carta di credito, moneta elettronica o altri sistemi di pagamento online, difficilmente accessibili ai bambini. Una misura del genere, presa a livello internazionale, perlomeno da tutta l'Unione europea, creerà una rete di protezione intorno ai minori. Per ora siamo lontani da un simile traguardo.

Nella fine della gratuità vedo anche una giusta misura in favore della concorrenza. Perché altre piattaforme di streaming dovrebbero essere su abbonamento e il porno no? Perché questo è il suo modello di business, si dirà, e tuttavia è un modello, come abbiamo visto, che presenta svariati problemi, a cominciare dalla pirateria. Far pagare i contenuti è un modo per assicurare da un lato che i performer vengano retribuiti per tutti gli usi delle loro prestazioni, e dall'altro che i giganti del porno non acquisiscano un ingiusto vantaggio competitivo sulle altre forme di intrattenimento. Obiezione possibile: in questo modo per i performer sarà più difficile conquistare quella visibilità che serve per lanciare le loro carriere. In realtà, la maggior parte di loro stenta a tirare la fine del mese e lavora solo per pochi anni. Pagare di più e meglio per prodotti di qualità sarà utile per ridurre il tasso di illusione e sfruttamento di un mercato universalmente accessibile.

C'è poi un'ultima ragione: la responsabilità personale. Se un consumatore decide di prendersi un momento di svago è giusto che lo faccia, ma consapevolmente. Ormai sappiamo tutti che non è la stessa cosa acquistare indumenti tessuti a mano in una bottega artigiana o fast fashion prodotto schiavizzando donne e bambini nelle fabbriche dell'Est del mondo. Lo stesso vale per il mercato dell'intrattenimento: prodotti culturali per cui un essere umano è stato maltrattato, umiliato o sfruttato non possono e non devono essere accettabili. E se l'appassionato di hard vuole consumare un prodotto in cui il corpo femminile viene oggettificato, deve farlo in modo non casuale, in tutta trasparenza e ricompensando, almeno, la prestazione che ha richiesto. Ogni scelta ha un prezzo, se non morale, perlomeno commerciale e la gratuità, che assicura l'assenza di responsabilità, deve finire.

Insegnare il sesso

La prima educazione sessuale l'ho ricevuta da mia madre, Herlinde. Avevo sei anni quando mi ha spiegato, senza ricorrere alle cicogne, da dove vengono i bambini. Qualche anno dopo, mio padre Alfred ha fatto sedere a un tavolo me e mia sorella maggiore Micki e ci ha dato da leggere un articolo sulle sventure di una ragazza-madre, per poi chiederci: «Secondo voi, cosa le è successo?». Dopodiché ha preso carta e penna e ci ha spiegato come funziona un rapporto sessuale e come avviene la fecondazione. All'epoca, ero l'unica delle mie amiche a sapere queste cose. Sono grata che siano stati i miei genitori a fornirmi le basi, con delicatezza e precisione.

Allora nessuno pensava a un'educazione sessuale come materia scolastica, ma oggi non dovrebbero esserci dubbi né problemi a istituirla. Invece, l'Italia è uno dei pochi Paesi d'Europa in cui non è prevista dai programmi ministeriali. La legge proposta dal governo Meloni parla di Educazione alle relazioni. Come ha scritto a fine novembre del 2023 Milena Gabanelli nel suo *Dataroom* sul «Corriere della Sera»: «Tradotto: una legge sull'educazione sessuale vera e propria, all'interno del percorso scolastico, anche stavolta non si farà». La responsabilità è lasciata alla buona volontà del singolo istituto e, considerato il tasso di litigiosità che ormai caratterizza i rapporti tra genitori e istituzione scolastica, c'è da dubitare che un simile corso verrà mai approvato. Il primissimo passo del ministro dell'Istruzione e del Merito Giuseppe Valditara era stato affidare la gestione del progetto a tre garanti: suor Monia Alfieri, Paola Zerman e Paola Concia. Fin dall'inizio, le buone intenzioni sono naufragate nelle polemiche e negli attacchi da destra sulla presunta «ideologia gender» di Concia, nota per il suo impegno a favore dei diritti delle comunità Lgbtqia+.

Esiste un progetto pilota nazionale, EduForIST, elaborato dal ministero della Salute in collaborazione con il ministero dell'Università e della Ricerca, e coordinato dall'Università di Pisa. Lanciato il 20 febbraio 2020, ha visto partire i primi interventi nelle scuole a fine gennaio del 2024. Si tratta di una serie di incontri che hanno come obiettivo «prevenire le conseguenze negative legate alla sessualità», innanzitutto gravidanze indesiderate e malattie. Ma spazieranno anche su argomenti più ampi: «le ragazze e i ragazzi saranno coinvolti in attività e giochi su temi quali il consenso, o per acquisire un approccio consapevole sui temi degli stereotipi di genere», tenendo in considerazione «le differenze, i diritti umani e sessuali, le identità». Lodevole iniziativa, purtroppo per ora limitata a sei regioni e a dieci scuole per ognuna di esse. Immediata la levata di scudi degli ambienti di destra, con il solito ritornello della minaccia gender.

La battaglia ideologica – e la notevole confusione mentale – che inquina il dibattito porta in una direzione profondamente sbagliata. Sempre secondo *Dataroom*, meno di un quarto degli istituti italiani hanno tentato di fornire agli adolescenti gli strumenti per affrontare con serenità il loro sviluppo sessuale. È un errore gravissimo. «Viviamo in uno stato di degrado culturale, nel quale i ragazzi si nutrono di pornografia perché non esiste nessuna forma di educazione sentimentale» ha commentato su «la Repubblica» la scrittrice Dacia Maraini nell'agosto del 2023, dopo i fatti di Palermo. Gli italiani sono gli ultimi della classe, assieme a Ungheria, Bulgaria, Cipro, Lituania e Polonia.

La Francia, mi conforta mio marito Jacques, non è messa molto meglio di noi, ma almeno il Senato ha commissionato nel settembre del 2022 uno studio sull'industria pornografica. «L'educazione alla sessualità è un fiasco» riferisce il documento. «Gli adolescenti sono in realtà lasciati soli con le loro domande e senza uno spazio di discussione», e il porno è diventato «un luogo di apprendistato alla sessualità, di default». In altri Paesi, più aperti ed evoluti in questo senso, come Svezia, Austria e Germania, simili percorsi di apprendimento cominciano da piccoli. E si affiancano all'educazione civica o a quella religiosa. Sempre Milena Gabanelli sottolinea un nesso interessante: gli Stati che prevedono l'educazione sessuale sono anche quelli con il miglior posizionamento in fatto di parità tra i generi. Credo quindi ci siano tutte le ragioni per chiederne conto a chi ci governa ora e a chi lo ha fatto in passato, dato che se ne discute da decenni.

Battersi per l'educazione al sesso nelle scuole significa battersi per la libertà e la felicità delle nuove generazioni, e mettere un freno all'ignoranza e alla violenza. Benissimo chiamarla «educazione alle relazioni», ma bisogna andare fino in fondo: parlare di questi temi in modo semplice, inclusivo ed esplicito.

Club godo

Come osserva la filosofa Rosi Braidotti, è necessario tornare a studiare. Finora nelle università lo si è fatto poco, anche per la difficoltà di gestire argomenti così personali con gli studenti, senza rischiare accuse di invasione della privacy o addirittura di molestie.

La professoressa Braidotti segnala, in particolare, «una vera carenza di materiale di studio e di analisi del comportamento delle persone eterobasiche». E avverte: «Si dà troppo spazio nel dibattito pubblico alle sessualità arcobaleno, e troppo poco a quelle cosiddette dominanti». Che non sono per niente meno complesse, al contrario: sono ormai «esplose» in una costellazione di pratiche e di scelte di cui si sa davvero poco. «Non è perché un comportamento è dominante che è intelligibile, trasparente o coerente» spiega la studiosa. «Io credo che l'eterosessualità si sia trasformata in una serie di sub- e infra-categorie. Se ne parla troppo poco, tranne forse proprio nel mondo del porno. E tacendo, si finisce per normalizzare l'eterosessualità, come se fosse una, indivisibile e naturale. Ci servono nuovi scenari, che oltrepassino la distinzione tra etero e Lgbtqia+».

La rete tenta perlomeno di proporre modi alternativi di fare soldi con il porno. Per esempio, c'è la chat *Beducated*, creata dalla sex coach Mariah Freya, in cui un'intelligenza artificiale appositamente programmata ci informa su tutto ciò che, per citare Woody Allen, avremmo sempre voluto sapere ma non abbiamo mai osato chiedere. Ci sono profili come quello della tedesca Madita Oeming, che con la sua pagina *Let's talk porn!* si è data la missione di cambiare il discorso corrente sulla pornografia, «smascherandone i miti, smantellando il porno-panico e condividendo le competenze». Offre «patenti porno», pacchetti di materiali per rafforzare le proprie conoscenze, rivolti soprattutto ai giovani o ai loro genitori.

Nell'oceano del web esistono rare isole in cui ha cittadinanza un immaginario diverso da quello dei cliché. Per esempio *OMGYes* (forma breve per l'esclamazione di piacere *Oh My God Yes!*), lanciato nel 2016, esplora in modo chiaro e rigoroso la straordinaria varietà del piacere femminile. Un luogo in cui trovare le risposte a domande su vulva, vagina, clitoride e varie istruzioni per l'uso. All'esordio del sito il «Guardian» ha scritto: «Ciò che rende unico *OMGYes* sono i suoi contenuti espliciti ed educativi, che includono video di volontarie con dimostrazioni dei vari metodi, e un tutorial touch-screen su cui gli utenti possono esercitarsi e migliorare la loro tecnica. Considerata la mole di filmati in cui le donne si masturbano per eccitare lo sguardo maschile, è davvero notevole e nuovo poter vedere gli stessi contenuti reimpostati per servire all'*empowerment* e al piacere delle donne».

Su *OMGYes* non troverete penetrazione, lunghe cavalcate senza fiato e fiere eiaculazioni. Non è hard con altri mezzi. È un'esplorazione del piacere femminile in tutte le sue forme. Ma questo luogo idilliaco ha un problema: è vietato ai minori di diciotto anni, ed è a pagamento. Così, ciò che può nuocere a una sessualità sana e gioiosa è gratuito e universalmente disponibile, mentre i prodotti utili hanno un prezzo e barriere all'accesso. E proprio gli adolescenti ne sono esclusi.

Esistono già diversi libri anche per l'educazione sessuale dei bambini, che possono aiutare genitori ed educatori a rispondere nel modo più giusto alle domande dei piccoli fin dai sette anni. In attesa della tanto necessaria educazione sessuale nelle scuole, si tratta almeno di un appoggio per famiglie spesso disorientate. Che ci sia una vasta domanda di istruzione in materia lo dimostrano anche successi come la serie *Sex education*, che più di un genitore ha guardato assieme ai figli adolescenti, o il libro *Club Godo. Una cartografia del piacere*, bestseller in Italia dopo esserlo stato nel Paese d'origine, la Francia. L'autrice, la marsigliese Jüne Plã, è partita dalla sua esperienza di giovane donna «annoiata» dal sesso. Ha creato su *Instagram* il profilo @JouissanceClub, in cui racconta le sue esplorazioni nel mondo «al di là della penetrazione». «La mia era una sessualità molto "penetrocentrica", diciamo così. Non capivo perché, ma mi annoiavo parecchio» ha dichiarato in un'intervista a «Marie Claire». Poi ha incontrato un amante poco dotato in fatto di dimensioni, ma molto ricco di fantasia: il migliore della sua vita. Da lì, ha cominciato a istruire i suoi partner su come darle piacere ed essendo di mestiere una disegnatrice, ha pensato bene di avvalersi di utili illustrazioni. Dopo il travolgente successo della pagina *Instagram*, è nato il suo libro, che in parole e immagini spiega l'anatomia dei nostri organi sessuali e le vie del piacere. Non chiamiamoli preliminari, avverte Plã: non sono l'antipasto, sono il piatto forte. E pone l'accento sulla nostra cultura visiva: «Penso anche che il mondo del cinema, proprio come quello del porno, abbia impresso immagini quasi indelebili su di noi. In tutti i film si vedono coppie che fanno sesso e raggiungono insieme l'orgasmo» osserva nell'intervista. «Trovo questa cosa colpevolizzante, perché la maggior parte delle persone (di chi ha la vulva intendo) questa cosa magari non potrà mai sperimentarla e si sente quasi anormale perché non ci riesce.»

Cinquanta sfumature di virilità

«Una mia amica americana ha tenuto un corso sulla storia della pornografia come genere cinematografico: trovo che sarebbe una buona idea introdurlo anche in Italia» mi dice Rosi Braidotti. Di certo darebbe qualche strumento non solo per capire la differenza tra realtà e immaginazione, ma anche per individuare le strategie, gli stereotipi, i tranelli narrativi del porno. «Un gioco, sì, ma con regole precise: applicatevi un po' a trovare un protocollo per uscire dal virtuale ed entrare nel reale» è l'invito di Braidotti. «Molti preferiscono non farlo, restano nelle realtà parallele, che siano serie o videogiochi o social. E non vivono sulla Terra, non votano, ogni tanto li vediamo in classe stralunati. Con queste "droghe digitali" rischiamo di perdere una generazione.»

Allo stesso tempo, nota, è proprio tra i giovani che si possono trovare le forme più interessanti di resistenza allo strapotere dell'immagine online standardizzata: «Ce ne sono molti che partono dal digitale e rifiutano la scissione fra il mondo fisico e quello tecnologico, sapendo che quando passi dall'altra parte porti con te la tua carne: mediata, sì, ma comunque carne. Ci sono esperimenti artistici che si oppongono alla tirannia di queste immagini, che sono brutte e ripetitive perché gli organi da rappresentare sono quelli, così pure le posizioni e in generale il ventaglio delle possibilità». Menziona le rivoluzioni avvenute in campo musicale, «come quella di Lady Gaga, di cui sono grande fan: basta vedere come ha smantellato la macchina che Madonna aveva creato, del corpo femminile in tutta la sua irruenza, e lo ha reso molto cyborg, molto sessuato ma allo stesso tempo pensato, contaminato di tecnologia. Ha smontato e rimontato l'immaginario classico del corpo femminile, per liberarlo».

Ma è urgente liberare anche quello dell'altro sesso.

Il cuore del patriarcato, osserva Braidotti, è infatti l'omoerotismo maschile, «l'adorazione che gli uomini hanno per gli altri uomini, usando le donne come merci di scambio per collegarsi fra di loro». Un'incarnazione recente, sorride, è la foto del generale Vannacci, campione dei patrii costumi e paladino dell'ultradestra, che considera i gay «non normali». Dopo aver partecipato al tuffo di Capodanno a Viareggio, si è infilato una vestaglietta che poco ha a che vedere con la divisa da militare. «Un omoerotismo omofobico» riassume Braidotti.

Se c'è un concetto in crisi, oggi, è quello di virilità. «Hanno vissuto malissimo i movimenti omosessuali maschili, che hanno tradito l'omertà dell'omoerotismo fascistoide maschile. Non si doveva fare mercato erotico del corpo di altri uomini, questa è un'umiliazione cocente.» Così, la reazione è stata rifugiarsi nei più vieti stilemi del patriarcato. «Serve una mappatura molto più dettagliata della virilità» dice Braidotti, «e a questo punto noteremmo almeno cinque o sei tipi diversi di mascolinità etero. Sarebbe interessante ascoltarli e metterli un po' in scena. Compreso Vannacci, o quel dandy di Bocchino, o un uomo nuovo, evoluto come il padre di Giulia Cecchettin». Braidotti crede, in definitiva, che il femminismo dovrebbe tornare a occuparsi un po' anche degli uomini. Con tutto quello che abbiamo da fare? obietto. «Sì, ma sono stati un po' trascurati. I concetti di eterosessualità e mascolinità vanno rivisti. A partire da lì si può diversificare tutto, anche il mercato della pornografia, che potrebbe diventare un'altra cosa se rappresentassimo maschi meno noiosi, meno scemi e organi leggermente più interessanti, o nessun organo, perché no.»

Braidotti ricorda una corrente di studi, i *Men's Studies*, attiva soprattutto in Scandinavia, «che aveva elaborato ricerche su come gli uomini etero vivevano l'importanza della pornografia in quanto modello di prestazione sessuale. Un modello che provocava non pochi disguidi e sensi di inferiorità». E rievoca un film degli anni Novanta, *Boogie Nights*, con protagonista un ragazzo superdotato che si impiega con successo nel mondo del porno ma alla fine non riesce a reggere, fisicamente, il peso della sua virilità perennemente eretta. Possibile che non si veda il problema dei danni generalizzati dell'immaginario pornografico? E che non si voglia intervenire per salvare, se non le donne, almeno i maschi? A patto che capiscano di voler essere salvati, puntualizza Braidotti. «Mi chiedo se non sia il patriarcato, che è ancora molto presente come regime politico, ad addestrare i ragazzi fin dall'anno zero a pretendere come diritto di nascita di avere una madre e una prostituta sempre a loro disposizione. E di poter disporre di una serie di prestazioni sessuali che invece per le donne non sono contemplate.» Quindi non sono solo vittime della macchina porno/prostituzione, ma hanno dei privilegi, li conoscono e difficilmente li vorranno perdere. Tuttavia, secondo lei, «la carnalità forse vive le sue ultime ore nel vecchio stampo, e gli unici che ancora la valorizzano sono i fascisti, nel tentativo di riportarci alla carne biblica. E se la possono tenere».

La professoressa Braidotti ci invita a tornare su insoliti banchi di scuola, a lezione d'amore. «Dobbiamo smetterla di parlare di carnalità e desiderio come se fossero fenomeni "naturali", e imparare la lezione di base della pornografia: l'espressione del desiderio è uno scenario, un copione da scrivere insieme. È una pista di ricerca guidata dalla curiosità e dall'amore, ma che prende direzioni impreviste e richiede umiltà e applicazione.»

Occorre, aggiunge, innovare in profondità anche un capitalismo che al momento sta andando a velocità impressionante verso il transumanesimo alla Elon Musk. «Forse i corpi viventi e desideranti stanno diventando l'ultima linea di difesa contro questa colonizzazione violenta di tecnologie che vogliono superarci, e che ci stanno riuscendo» nota Braidotti. Ecco perché serve «un postumanesimo critico e di sinistra, cioè solidale, gratuito e progressista, anche nella gestione del sesso. E servirebbe una classe dirigente che sapesse parlare di queste cose senza dire bugie, o cedere al panico e allo sgomento».

Amen. Per ora, tuttavia, sembra che lo sgomento rimanga l'opzione più gettonata.

Vorrei chiudere quindi con un appello, rivolto soprattutto ai più giovani: non fatevi fottere. Uscite dal sexy shop virtuale, perché non è vero che lì si trova tutto. Mancano le sfumature dell'erotismo, i percorsi più avventurosi del desiderio, la curiosità per il corpo e la mente degli altri. Manca il rispetto per la vostra dignità, perché lì siete soprattutto merci, non persone. Mollate lo smartphone e riprendete in mano la vostra sessualità. Ai nostri tempi si diceva che la rivoluzione non è un pranzo di gala. Oggi, forse, è una notte di buon sesso.

Ringraziamenti

Grazie innanzitutto a Jacques, l'insostituibile, il mio compagno di vita. Con questo libro ci siamo, bisogna dire, anche molto divertiti.

Grazie all'altra colonna del nostro dream team creativo, la mia inesauribile editor Michela Gallio. E alla mia preziosa sorella Micki, per l'appoggio costante.

Grazie a Beppe Caschetto che mi segue con occhio affettuoso e partecipazione. Grazie alla casa editrice Rizzoli che da sempre mi sostiene: in particolare Massimo Turchetta, Manuela Galbiati, Luisa Colicchio e le splendide donne dell'ufficio stampa. Grazie a Franca Alberti per l'opera di traduzione, alla fedelissima Sara Grazioli per il preciso lavoro sul testo.

Grazie alle persone con cui ho scambiato, in molti mesi di lavoro, notizie, curiosità, pensieri su un tema davvero complesso e variegato, prima fra tutti Alessandra Scotacci. Grazie a Rosi Braidotti per i ricchi spunti di riflessione.

Indice